税务干部业务能力测试
征收管理

必学必练

本书编写组　编

中国言实出版社

图书在版编目（CIP）数据

税务干部业务能力测试．征收管理必学必练 / 本书编写组编．-- 北京：中国言实出版社，2022.9

ISBN 978-7-5171-4300-0

Ⅰ．①税… Ⅱ．①本… Ⅲ．①税收管理—中国—干部培训—习题集 Ⅳ．① F812.423-44

中国版本图书馆 CIP 数据核字（2022）第 166819 号

税务干部业务能力测试征收管理必学必练

责任编辑：薛　磊
责任校对：李　岩

出版发行：中国言实出版社
地　　址：北京市朝阳区北苑路 180 号加利大厦 5 号楼 105 室
邮　　编：100101
编辑部：北京市海淀区花园路 6 号院 B 座 6 层
邮　　编：100088
电　　话：010-64924853（总编室）　010-64924716（发行部）
网　　址：www.zgyscbs.cn　E-mail：zgyscbs@263.net

经　　销：新华书店
印　　刷：河北赛文印刷有限公司
版　　次：2022 年 10 月第 1 版　　2022 年 10 月第 1 次印刷
规　　格：710 毫米 × 1000 毫米　1/16　14.5 印张
字　　数：220 千字

定　　价：87.00 元
书　　号：ISBN 978-7-5171-4300-0

前言

税务干部数字人事"两测"包括"业务能力升级测试"和"领导胜任力测试",对税务干部促进自我提升,塑造向上向善品格具有重要作用。

业务能力升级,是指依据统一的专业分类、能力分级及达标要求,引导税务干部以自学为主、助学为辅方式,在工作实践中不断提升业务能力,通过日常学习考核、业务能力集中测试或者评定方式,获得相应级档认定,并与干部职务职级晋升挂钩的管理制度。

业务能力专业类别,分为综合管理、纳税服务、征收管理、税务稽查和信息技术等5类。

(一)综合管理类,是指从事税务机关党务、政务、事务等综合管理相关工作的岗位。

(二)纳税服务类,是指税收工作"前台"对由纳税人依法发起的有关工作进行管理的相关岗位。

(三)征收管理类,是指税收工作"后台"对由税务机关依法发起(不含税务稽查)的工作进行管理,对由纳税人依法发起和税务机关依法发起的工作进行监督，以及其他需要开展的工作进行管理的相关岗位。

（四）税务稽查类，是指税务稽查选案、检查、审理和执行等相关岗位。

（五）信息技术类，是指从事税收信息化建设及保障等相关工作的岗位。

领导胜任力，则是评估税务系统各级领导干部拟晋升上一级领导职务应当具备的基本理论素养和领导能力。适用于所有领导职务的评估测试。

本书属于税务干部"两测"必学必练丛书之一，围绕"两测"大纲要求中的"征收管理"进行编写，以方便广大考生备考。

征收管理类测试内容分为政治素养、通用知识和专业知识与技能三部分。其中政治素养、通用知识是各类岗位测试必考的基础内容，本套丛书中专门有一本是该部分内容，因此本书主要内容是征收管理类专业知识与技能，主要包括：税费管理、深化税收征管改革、税收征管操作规范基础事项与法律事项、税收风险管理、大企业税收服务和管理、国际税收、收入规划核算等。征收管理类测试通过测试税务干部从事税费征收管理工作所必须具备的基本素质，引导征收管理类干部针对性地开展学习，提高业务能力，是"两测"中"业务能力升级测试"的重要组成部分。

本书在编写过程中，充分考虑到考生快速高效备考的需求，在多个方面都做了优化，具体来说有以下三个优点：

一是结构合理。全书测试内容，分为四个部分：大纲内容、复习要点、核心知识点、测试题。有提纲有细节、有重点有练习，可以满足考生备考材料的基本需求。

二是内容突出。对于繁多的考试内容，只提炼其中的核心知识点，并且设置针对性的练习题，确保考生在考前快速掌握考点。

三是表达简练。对于一目了然的知识点，用最直接简练的表达，没有过多地解释，以免分散考生精力。知识点的来源以及文件依据，不属于测试内容，考生其实不需要在备考前花精力去了解，即使要深入了解，也不需要通过查书的方式进行。因此不在书中进行阐释。

以上三个优点可以让考生在最短的时间内，花费最少的精力，精准掌握最核心、最高频的考点，从而快速通过测试；而非面面俱到、花费大量的时间背诵大量的知识，给自己的记忆力和精力带来巨大的考验。

由于时间及能力有限，书中如有不妥之处，恳请读者不吝指正。

目录

第一章 税费管理

	初级	中级	高级
第一节 增值税	1.熟悉税制基本要素 （1）纳税人与扣缴义务人 （2）征税范围 （3）税率及征收率 2.了解税额计算 （1）销项税额 （2）进项税额 （3）加计抵减 （4）增量留抵退税 3.了解税收优惠 4.熟悉征收管理 （1）一般纳税人资格登记管理 （2）增值税发票管理 （3）纳税期限及纳税地点 （4）增值税及附加税费申报表	1.掌握税额计算 （1）销项税额 （2）进项税额 （3）加计抵减 （4）增量留抵退税 2.掌握税收优惠政策 3.掌握征收管理 （1）增值税发票管理 （2）综合保税区一般纳税人资格管理 （3）出口退（免）税管理 （4）纳税义务发生时间 （5）汇总纳税管理 （6）掌握增值税及附加税费申报表	1.掌握增值税税额计算、税收优惠、征收管理的综合运用 2.掌握运用风险管理理念有效实施增值税发票、出口退（免）税管理和汇总纳税管理
第二节 消费税	1.熟悉税制基本要素 （1）纳税人 （2）征税范围 （3）税率 2.了解税额计算 （1）从价定率计税 （2）从量定额计税 （3）复合计税 （4）自产自用应税消费品应纳税额的计算	1.熟悉税额计算的特殊规定 2.掌握征收管理 （1）征税环节的特殊规定 （2）进口应税消费品的管理 （3）出口应税消费品的管理 3.掌握消费税及附加税费申报表	1.掌握税额计算 2.掌握征收管理

	初级	中级	高级
第二节 消费税	（5）委托加工应税消费品应纳税额的计算 3.熟悉征收管理 （1）纳税期限 （2）纳税地点 4.了解消费税及附加税费申报表		
第三节 企业所得税	1.了解纳税人、扣缴义务人、居民企业、非居民企业基本概念涵义 2.熟悉征税对象与基本税率 3.了解应纳税所得额基本构成及一般税务处理 （1）一般规定 （2）收入总额 （3）扣除项目 （4）资产的税务处理 （5）亏损弥补 4.了解应纳税额一般计算 5.了解税收优惠办理方式及主要优惠事项 6.了解源泉扣缴基本涵义 7.了解企业所得税申报缴纳（纳税地点、申报方式及申报期限）	1.掌握征税对象与适用税率 2.熟悉应纳税所得额事项应用 3.熟悉应纳税额计算 4.熟悉税收优惠政策 5.熟悉源泉扣缴管理 6.了解特别纳税调整基本内容 7.熟悉跨地区经营汇总纳税一般规定 8.了解企业重组一般规定 9.熟悉清算业务一般税务处理 10.熟悉企业所得税纳税申报表	1.掌握应纳税所得额、应纳税额综合计算 2.掌握税收优惠政策 3.掌握源泉扣缴管理规定 4.掌握特别纳税调整相关内容 5.掌握跨地区经营汇总纳税企业所得税管理 6.熟悉企业所得税风险管理应用 7.掌握企业重组相关规定
第四节 个人所得税	1.熟悉纳税人、扣缴义务人、居民个人、非居民个人的概念涵义 2.了解征税范围与税率形式 3.熟悉综合所得应纳税所得额、应纳税额的计算 4.了解其他类型所得应纳税所得额、应纳税额的计算 5.了解税收优惠的主要方式、内容 6.了解申报缴纳方式、纳税期限、纳税地点一般规定 7.了解个人所得税纳税申报表	1.掌握纳税人、扣缴义务人、居民个人、非居民个人的分析判定 2.掌握征税范围及适用税率 3.掌握综合所得应纳税所得额、应纳税额的计算 4.掌握其他类型所得应纳税所得额及税额计算 5.熟悉捐赠税前扣除规定 6.掌握税收优惠主要内容 7.熟悉境外抵免 8.掌握预扣预缴与汇算清缴 9.掌握个人所得税预扣预缴	1.掌握特殊情形应纳税所得额、应纳税额的综合运用 2.掌握税收优惠的综合运用 3.掌握特别纳税调整综合运用 4.掌握个人所得税风险管理综合运用

续表

	初级	中级	高级
第五节　财产和行为税	1.土地增值税 （1）熟悉纳税人、征税范围及税率形式 （2）了解计税依据及应纳税额的一般计算 （3）了解纳税期限、纳税地点、预征及清算管理的一般规定 （4）了解土地增值税税源明细表 （5）了解税收优惠	1.土地增值税 （1）掌握纳税人、征税范围及适用税率的应用 （2）掌握计税依据及应纳税额的应用 ①收入项目 ②扣除项目 （3）掌握税收优惠主要内容 （4）掌握清算审核管理 （5）掌握核定征收 （6）掌握土地增值税税源明细表	1.土地增值税 （1）掌握征税范围、税收优惠、适用税率、计税依据、应纳税额以及征收方式的综合运用 2.掌握复杂事项分析研判及风险应对
	2.资源税 （1）熟悉征税范围 （2）熟悉纳税人 （3）了解计税方法 （4）了解纳税期限 （5）了解纳税地点 （6）了解税收优惠 3.环境保护税 （1）熟悉纳税人 （2）熟悉征税范围 （3）了解计税方法 （4）了解征收机关 （5）了解纳税期限 （6）了解纳税地点 （7）了解税收优惠 4.印花税 （1）熟悉纳税人 （2）熟悉征税范围 （3）了解计税方法 （4）了解计税方法 （5）了解税收优惠 5.房产税 （1）熟悉征税范围 （2）熟悉纳税人 （3）了解计税方法 （4）了解纳税期限 （5）了解纳税地点 （6）了解税收优惠	2.资源税 （1）掌握税额计算 （2）掌握税收优惠政策 3.环境保护税 （1）掌握税额计算 （2）掌握税收优惠政策 （3）掌握征收管理政策 4.印花税 （1）掌握税额计算 （2）掌握税收优惠政策 （3）掌握核定征收 5.房产税 （1）掌握税额计算 （2）掌握税收优惠政策 （3）掌握纳税义务起止时间	2.资源税 掌握资源税政策的综合运用，准确把握资源税改革动向 3.环境保护税 掌握环境保护税政策的综合运用，明确征管协作的要求 4.印花税 掌握印花税政策的综合运用，掌握印花税征收方式 5.房产税 掌握房产税政策的综合运用以及改革主要方向

续表

	初级	中级	高级
第五节 财产和行为税	6.城镇土地使用税 （1）熟悉征税范围 （2）熟悉纳税人 （3）了解税额标准的制定 （4）了解纳税地点和纳税期限 （5）了解税收优惠 7.车船税 （1）熟悉纳税人与扣缴义务人 （2）熟悉应税车船范围 （3）了解计税方法 （4）了解纳税期限 （5）了解纳税地点 （6）了解税收优惠 8.契税 （1）熟悉纳税人 （2）熟悉征税范围 （3）了解计税方法 （4）了解纳税期限 （5）了解纳税地点 （6）了解税收优惠 9.耕地占用税 （1）熟悉纳税人 （2）熟悉耕地的范围 （3）了解计税方法 （4）了解纳税期限 （5）了解纳税地点 （6）了解税收优惠 10.烟叶税 （1）熟悉纳税人 （2）了解征税范围 （3）熟悉税率 （4）了解纳税期限与纳税地点 11.城市维护建设税 （1）熟悉纳税人 （2）熟悉税率 （3）了解计税方法 （4）了解纳税地点 12.了解财产和行为税纳税申报表	6.城镇土地使用税 （1）掌握税额计算 （2）掌握税收优惠政策 （3）掌握纳税义务起止时间 7.车船税 （1）掌握税额计算 （2）掌握税收优惠政策 （3）掌握税款退还政策 8.契税 （1）掌握税额计算 （2）掌握税收优惠政策 9.耕地占用税 （1）掌握税额计算 （2）掌握税收优惠政策 （3）掌握临时占用耕地税款的征收与退还政策 10.烟叶税 掌握计税依据与应纳税额计算 11.城市维护建设税 （1）掌握税额计算 （2）掌握税收优惠政策 12.掌握财产和行为税纳税申报表	6.城镇土地使用税 （1）掌握城镇土地使用税政策的综合运用以及减税降费新政策效应 （2）掌握下一步改革方向 7.车船税 掌握车船税政策的综合运用以及车船税征管规定 8.契税 掌握契税政策的综合运用以及契税的征收管理及在房地产一体化征管的作用 9.耕地占用税 掌握耕地占用税政策综合运用以及立法的影响 10.烟叶税 掌握烟叶税政策的综合运用以及烟叶税对增值税的影响 11.城市维护建设税 掌握城市维护建设税政策的综合运用以及征管规定

	初级	中级	高级
第六节 非税收入	1.熟悉非税收入的分类和征管职责划转改革 2.熟悉政府非税收入管理的要求 3.了解各类非税收入的缴费主体、征收范围、征收标准、征收期限、缴纳地点等费制要素 4.熟悉各类非税收入的征缴流程	1.掌握各类非税收入费额计算 2.掌握各类非税收入减免优惠 3.熟悉各类非税收入征收的系统操作 4.熟悉各类非税收入的主要风险点和应对措施	1.掌握各类非税收入的风险管理指标体系和模型建立方法 2.掌握非税收入知识的综合运用以及非税收入征管运行情况监控 3.指导非税收入征管职责划转改革工作
第七节 社会保险费	1.了解中国社会保险制度的建立、改革和发展情况 2.熟悉税务机关征收的社会保险费的种类 3.熟悉各类社会保险的缴费义务人、缴费基数、费率 4.熟悉社保费阶段性优惠政策	1.掌握各类社会保险费应纳费额计算 2.熟悉各类社会保险费征收的系统操作 3.掌握社会保险费困难缓缴、欠费管理、催缴工作、退（抵）费管理	1.掌握社会保险费的风险管理指标体系和模型建立方法 2.掌握社会保险费知识的综合运用以及社会保险费征缴运行情况监控

必懂复习策略

本章主要内容包括增值税、消费税、企业所得税、个人所得税、财产和行为税、非税收入、社会保险费。其中增值税、企业所得税及个人所得税的内容占比较大，应重点掌握。

税收部分主要内容为税制基本要素、税额计算、税收优惠、征收管理等，是本章的主体部分，考生均应熟悉掌握，特别是组合式税费支持政策、新个人所得税法相关政策等应重点复习。

非税收入部分主要内容为非税收入的费制要素、征缴流程、优惠政策等；社会保险费主要内容为社会保险费的缴费义务人、缴费基数、费率、优惠政策等；这两部分内容占比不大。

初级考生学习侧重点应为基础知识，如基本要素、优惠政策等；中级考生学习侧重点为税额计算及特殊政策；高级考生学习侧重点应为各方面知识的综合运用和前沿政策。

必会核心知识

■ 综合保税区增值税一般纳税人资格试点实行备案管理。符合条件的综合保税区完成备案后，区内符合增值税一般纳税人登记管理有关规定的企业，可自愿向综合保税区所在地主管税务机关、海关申请成为试点企业，并按规定向主管税务机关办理增值税一般纳税人资格登记。

■ 纳税人中的一般纳税人提供客运场站服务，以其取得的全部价款和价外费用，扣除支付给承运方运费后的余额为增值税销售额。

■ 纳税人提供旅游服务，可选择以取得的全部价款和价外费用，扣除向旅游服务购买方收取并支付给其他单位或个人的住宿费、餐饮费、交通费、签证费、门票费和支付给其他接团旅游企业的旅游费用后的余额为增值税销售额。

■ 纳税人提供建筑服务适用简易计税方法的，以取得的全部价款和价外费用扣除支付的分包款后的余额为增值税销售额。

■ 纳税人销售货物、加工修理修配劳务、服务、无形资产或者不动产适用不同税率或者征收率的，应当分别核算销售额，未分别核算销售额的，从高适用税率或者征收率。

■ 自 2017 年 5 月 1 日起，纳税人销售活动板房、机器设备、钢结构件等自产货物的同时提供建筑、安装服务，应分别核算货物和建筑服务的销售额，适用不同的税率或者征收率。

■ 一般纳税人销售外购机器设备的同时提供安装服务，如果已经按照兼营的有关规定，分别核算机器设备和安装服务的销售额，安装服务可以按照甲供工程选择适用简易计税。

■ 一般纳税人销售电梯的同时提供安装服务，其安装服务可以按照甲供工程选择适用简易计税方法计税。

■ 自 2019 年 4 月 1 日起，纳税人购进农产品，进项税额的扣除率为 9%。购进用于生产或者委托加工 13% 税率货物的农产品，进项税额的扣除率为 10%。

■ 纳税人购进国内旅客运输服务，取得注明旅客身份信息的航空运输电子客票行程单的，计算进项税额的公式为：航空旅客运输进项税额 ＝（票价 ＋ 燃油附加费）÷（1+9%）×9%。

■ 纳税人购进国内旅客运输服务，取得注明旅客身份信息的铁路车票的，计算进项税额的公式为：铁路旅客运输进项税额 ＝ 票面金额 ÷（1+9%）×9%。

■ 纳税人购进国内旅客运输服务，取得注明旅客身份信息的公路、水路等其他客票的，计算进项税额的公式为：公路、水路等其他旅客运输进项税额 ＝ 票面金额 ÷（1+3%）×3%

■ 纳税人支付的道路通行费，按照收费公路通行费增值税电子普通发票上注明的增值税税额抵扣进项税额。

■ 2019 年 4 月 1 日至 2022 年 12 月 31 日，允许提供邮政服务、电信服务、现代服务、生活服务取得的销售额占全部销售额的比重超过 50% 的纳税人，按照当期可抵扣进项税额加计 10%，抵减应纳税额。

■ 2019 年 10 月 1 日至 2022 年 12 月 31 日，允许提供生活服务取得的销售额占全部销售额的比重超过 50% 的纳税人按照当期可抵扣进项税额加计 15%，抵减应纳税额。

■ 适用加计抵减政策纳税人，应在年度首次确认适用加计抵减政策时，通过电子税务局（或前往办税服务厅）提交《适用加计抵减政策的声明》、《适用加计抵减 15% 政策的声明》。

■ 自 2019 年 4 月 1 日起，试行增值税期末留抵税额退税制度。同时符合以下条件的纳税人，可以向主管税务机关申请退还增量留抵税额：（1）自 2019 年 4 月税款所属期起，连续六个月（按季纳税的，连续两个季度）增量留抵税额均大于零，且第六个月增量留抵税额不低于 50 万元；（2）纳税信用等级为 A 级或者 B 级；（3）申请退税前 36 个月未发生骗取留抵退税、出口退税或虚开增值税专用发票情形的；（4）申请退税前 36 个月未因偷税被税务机关处罚两次及以上的；（5）自 2019 年 4 月 1 日起未享受即征即退、先征后返（退）政策的。

■ 符合条件的纳税人当期允许退还的增量留抵税额 ＝ 增量留抵税额 × 进项构成比例 ×60%。进项构成比例为 2019 年 4 月至申请退税前一税款所属期内已抵扣的增值税专用发票（含税控机动车销售统一发票）、海关进口增值税专用缴款书、解缴税款完税凭证注明的增值税额占同期全部已抵扣进项税额的比重。

■ 自 2021 年 4 月 1 日起，同时符合以下条件的先进制造业纳税人，可以自 2021 年 5 月及以后纳税申报期向主管税务机关申请退还增量留抵税额：（1）增量留抵税额大于零；（2）纳税信用等级为 A 级或者 B 级；（3）申请退税前 36 个月未发生骗取留抵退税、出口退税或虚开增值税专用发票情形；（4）申请退税前 36 个月未因偷税被税务机关处罚两次及以上；（5）自 2019 年 4 月 1 日起未享受即征即退、先征后返（退）政策。先进制造业纳税人当期允许退还的增量留抵税额＝增量留抵税额 × 进项构成比例。

■ 加大小微企业增值税期末留抵退税政策力度，将先进制造业按月全额退还增值税增量留抵税额政策范围扩大至符合条件的小微企业（含个体工商户，下同），并一次性退还小微企业存量留抵税额。（一）符合条件的小微企业，可以自 2022 年 4 月纳税申报期起向主管税务机关申请退还增量留抵税额。（二）符合条件的微型企业，可以自 2022 年 4 月纳税申报期起向主管税务机关申请一次性退还存量留抵税额；符合条件的小型企业，可以自 2022 年 5 月纳税申报期起向主管税务机关申请一次性退还存量留抵税额。

■ 加大"制造业"、"科学研究和技术服务业"、"电力、热力、燃气及水生产和供应业"、"软件和信息技术服务业"、"生态保护和环境治理业"和"交通运输、仓储和邮政业"（以下称制造业等行业）增值税期末留抵退税政策力度，将先进制造业按月全额退还增值税增量留抵税额政策范围扩大至符合条件的制造业等行业企业（含个体工商户，下同），并一次性退还制造业等行业企业存量留抵税额。（一）符合条件的制造业等行业企业，可以自 2022 年 4 月纳税申报期起向主管税务机关申请退还增量留抵税额。（二）符合条件的制造业等行业中型企业，可以自 2022 年 5 月纳税申报期起向主管税务机关申请一次性退还存量留抵税额（财政部　税务总局公告 2022 年第 14 号为 2022 年 7 月，财政部　税务总局公告 2022 年第 17 号调整提前至 2022 年 5 月）；符合条件的制造业等行业大型企业，可以自 2022 年 6 月纳税申报期起向主管税务机关申请一次性退还存量留抵税额（财政部　税务总局公告 2022 年第 14 号为 2022 年 10 月，财政部　税务总局公告 2022 年第

19 号调整提前至 2022 年 6 月）。

■ 适用《财政部 税务总局关于进一步加大增值税期末留抵退税政策实施力度的公告》（财政部 税务总局公告 2022 年第 14 号）政策的纳税人需同时符合以下条件：（一）纳税信用等级为 A 级或者 B 级；（二）申请退税前 36 个月未发生骗取留抵退税、骗取出口退税或虚开增值税专用发票情形；（三）申请退税前 36 个月未因偷税被税务机关处罚两次及以上；（四）2019 年 4 月 1 日起未享受即征即退、先征后返（退）政策。

■ 《财政部 税务总局关于进一步加大增值税期末留抵退税政策实施力度的公告》（财政部 税务总局公告 2022 年第 14 号）所称增量留抵税额，区分以下情形确定：（一）纳税人获得一次性存量留抵退税前，增量留抵税额为当期期末留抵税额与 2019 年 3 月 31 日相比新增加的留抵税额。（二）纳税人获得一次性存量留抵退税后，增量留抵税额为当期期末留抵税额。

■ 《财政部 税务总局关于进一步加大增值税期末留抵退税政策实施力度的公告》（财政部 税务总局公告 2022 年第 14 号）所称存量留抵税额，区分以下情形确定：（一）纳税人获得一次性存量留抵退税前，当期期末留抵税额大于或等于 2019 年 3 月 31 日期末留抵税额的，存量留抵税额为 2019 年 3 月 31 日期末留抵税额；当期期末留抵税额小于 2019 年 3 月 31 日期末留抵税额的，存量留抵税额为当期期末留抵税额。（二）纳税人获得一次性存量留抵退税后，存量留抵税额为零。

■ 适用《财政部 税务总局关于进一步加大增值税期末留抵退税政策实施力度的公告》（财政部 税务总局公告 2022 年第 14 号）政策的纳税人，按照以下公式计算允许退还的留抵税额：允许退还的增量留抵税额＝增量留抵税额×进项构成比例×100%；允许退还的存量留抵税额＝存量留抵税额×进项构成比例×100%。进项构成比例，为 2019 年 4 月至申请退税前一税款所属期已抵扣的增值税专用发票（含带有"增值税专用发票"字样全面数字化的电子发票、税控机动车销售统一发票）、收费公路通行费增值税电子普通发票、海关进口增值税专用缴款书、解缴税款完税凭证注明的增值税额占同期全部已抵扣进项税额的比重。

■ 扩大全额退还增值税留抵税额政策行业范围，将《财政部 税务总局关于进一步加大增值税期末留抵退税政策实施力度的公告》（财政部　税务总局公告 2022 年第 14 号）第二条规定的制造业等行业按月全额退还增值税增量留抵税额、一次性退还存量留抵税额的政策范围，扩大至"批发和零售业"、"农、林、牧、渔业"、"住宿和餐饮业"、"居民服务、修理和其他服务业"、"教育"、"卫生和社会工作"和"文化、体育和娱乐业"（以下称批发零售业等行业）企业（含个体工商户，下同）。（一）符合条件的批发零售业等行业企业，可以自 2022 年 7 月纳税申报期起向主管税务机关申请退还增量留抵税额。（二）符合条件的批发零售业等行业企业，可以自 2022 年 7 月纳税申报期起向主管税务机关申请一次性退还存量留抵税额。

■ 自 2021 年 10 月 1 日起，住房租赁企业中的增值税一般纳税人向个人出租住房取得的全部出租收入，可以选择适用简易计税方法，按照 5% 的征收率减按 1.5% 计算缴纳增值税，或适用一般计税方法计算缴纳增值税。住房租赁企业中的增值税小规模纳税人向个人出租住房，按照 5% 的征收率减按 1.5% 计算缴纳增值税。住房租赁企业向个人出租住房适用上述简易计税方法并进行预缴的，减按 1.5% 预征率预缴增值税。

■ 自 2020 年 1 月 1 日至 2021 年 3 月 31 日，纳税人提供公共交通运输服务、生活服务及居民必需生活物资快递收派服务收入免征增值税；对纳税人运输疫情防控重点保障物资取得的收入免征增值税。无偿捐赠应对疫情的货物免征增值税、消费税、城市维护建设税、教育费附加、地方教育附加。自 2022 年 1 月 1 日至 2022 年 12 月 31 日，对纳税人提供公共交通运输服务取得的收入，免征增值税。

■ 自 2022 年 1 月 1 日至 2022 年 12 月 31 日，航空和铁路运输企业分支机构暂停预缴增值税。2022 年 2 月纳税申报期至文件发布之日已预缴的增值税予以退还。

■ 自 2022 年 4 月 1 日至 2022 年 12 月 31 日，增值税小规模纳税人适用 3% 征收率的应税销售收入，免征增值税；适用 3% 预征率的预缴增值税项目，暂停预缴增值税。

■ 自 2022 年 5 月 1 日至 2022 年 12 月 31 日，对纳税人为居民提供必需生活物资快递收派服务取得的收入，免征增值税。

■ 自 2021 年 4 月 1 日至 2022 年 12 月 31 日，对月销售额 15 万元以下（含本数）的增值税小规模纳税人，免征增值税。适用增值税差额征税政策的小规模纳税人，以差额后的销售额确定是否可以享受免征增值税政策。

■ 按照现行规定应当预缴增值税税款的小规模纳税人，凡在预缴地实现的月销售额未超过15万元的，当期无需预缴税款。其他个人，采取一次性收取租金形式出租不动产取得的租金收入，可在对应的租赁期内平均分摊，分摊后的月租金收入未超过15万元的，免征增值税。

■ 出口货物劳务及跨境应税行为适用的增值税处理方法包括退（免）税、免税和征税。适用退（免）税的，实行增值税免抵退税或免退税办法。

■ 实行免抵退税办法的纳税人，当期应纳税额计算公式为：（1）当期应纳税额＝当期销项税额－（当期进项税额－当期不得免征和抵扣税额）（2）当期不得免征和抵扣税额＝当期出口货物离岸价×外汇人民币折合率×（出口货物适用税率－出口货物退税率）－当期不得免征和抵扣税额抵减额（3）当期不得免征和抵扣税额抵减额＝当期免税购进原材料价格×（出口货物适用税率－出口货物退税率）

■ 实行免抵退税办法的纳税人，当期免抵退税额的计算公式为：（1）当期免抵退税额＝当期出口货物离岸价×外汇人民币折合率×出口货物退税率－当期免抵退税额抵减额（2）当期免抵退税额抵减额＝当期免税购进原材料价格×出口货物退税率

■ 实行免抵退税办法的纳税人，当期应退税额和免抵税额的计算公式为：（1）当期期末留抵税额≤当期免抵退税额，则当期应退税额＝当期期末留抵税额；（2）当期期末留抵税额＞当期免抵退税额，则当期应退税额＝当期免抵退税额

■ 纳税人提供租赁服务采取预收款方式的，其增值税纳税义务发生时间为收到预收款的当天。

■ 固定业户应当向其机构所在地的主管税务机关申报纳税。固定业户到外县（市）销售货物或者劳务，应当向其机构所在地的主管税务机关报告外出经营事项，并向其机构所在地的主管税务机关申报纳税；未报告的，应当向销售地或者劳务发生地的主管税务机关申报纳税；未向销售地或者劳务发生地的主管税务机关申报纳税的，由其机构所在地的主管税务机关补征税款。非固定业户销售货物或者劳务，应当向销售地或者劳务发生地的主管税

务机关申报纳税；未向销售地或者劳务发生地的主管税务机关申报纳税的，由其机构所在地或者居住地的主管税务机关补征税款。

■ 其他个人提供建筑服务，销售或租赁不动产，转让自然资源使用权，应向服务发生地、不动产所在地、自然资源所在地主管税务机关申报缴纳增值税。

■ 按固定期限纳税的小规模纳税人可以选择以 1 个月或 1 个季度为纳税期限，一经选择，一个会计年度内不得变更。银行、财务公司、信托投资公司、信用社，以及财政部和国家税务总局规定的其他纳税人按季度申报缴纳增值税。

■ 自 2020 年 12 月 21 日起，在天津、河北、上海、江苏、浙江、安徽、广东、重庆、四川、宁波和深圳等 11 个地区的新办纳税人中实行专票电子化，受票方范围为全国。

■ 自各地专票电子化实行之日起，本地区需要开具增值税纸质普通发票、增值税电子普通发票、纸质专票、电子专票、纸质机动车销售统一发票和纸质二手车销售统一发票的新办纳税人，统一领取税务 UKey 开具发票。税务机关按照电子专票和纸质专票的合计数，为纳税人核定增值税专用发票领用数量。电子专票和纸质专票的增值税专用发票（增值税税控系统）最高开票限额应当相同。

■ 自 2020 年 2 月 1 日起，小规模纳税人（其他个人除外）发生增值税应税行为，选择自行开具专用发票的，税务机关不再为其代开专用发票。

■ 自 2021 年 8 月 1 日起，增值税、消费税分别与城市维护建设税、教育费附加、地方教育附加申报表整合，启用《增值税及附加税费申报表（一般纳税人适用）》、《增值税及附加税费申报表（小规模纳税人适用）》、《增值税及附加税费预缴表》及其附列资料和《消费税及附加税费申报表》。

■ 总机构和分支机构不在同一县（市）的，应当分别向各自所在地的主管税务机关申报纳税；经财政部和国家税务总局或者其授权的财政和税务机关批准，可以由总机构汇总向总机构所在地的主管税务机关申报纳税。

■ 消费税的纳税环节包括生产环节、委托加工环节、进口环节、批发环节、零售环节。在零售环节征收应税消费品为金银首饰、钻石及钻石饰品、铂金首饰、超豪华小汽车。卷烟在生产环节和批发环节征收消费税。

■ 每辆不含增值税零售价130万元及以上的乘用车和中轻型商用客车（超豪华小汽车），在生产（进口）环节按现行税率征收消费税基础上，在零售环节加征消费税，税率为10%。

■ 自产自用应税消费品用于连续生产应税消费品的，不缴纳消费税；用于其他方面的，于移送使用时缴纳消费税。

■ 自产自用应税消费品，有同类消费品销售价格的，按照纳税人生产的同类消费品销售价格计算消费税，没有的，按组成计税价格计算消费税。

■ 委托加工应税消费品受托方扣缴消费税的，应按照受托方的同类消费品销售价格计算纳税，没有的，按组成计税价格计算纳税。

■ 进口应税消费品，按照组成计税价格计算纳税。实行复合计税办法的，组成计税价格＝（关税完税价格＋关税＋进口数量 × 定额税率）÷（1-比例税率）

■ 零售金银首饰消费税的组成计税价格＝购进原价 ×（1+利润率）÷（1-金银首饰消费税税率）。金银首饰利润率为6%。消费税税率为5%。

■ 超豪华小汽车零售环节消费税应纳税额计算公式如下：应纳税额＝零售环节销售额（不含增值税）× 零售环节税率。

■ 国内汽车生产企业直接销售给消费者的超豪华小汽车，消费税税率按照生产环节税率和零售环节税率加总计算。

■ 用外购或委托加工收回的已税消费品用于连续生产应税消费品的，应按当期生产领用数量计算准予扣除外购的应税消费品已纳的消费税。扣除范围包括：（1）外购已税烟丝生产的卷烟；（2）外购已税化妆品生产的高档化妆品；（3）外购已税珠宝玉石生产的贵重首饰及珠宝玉石；（4）外购已税鞭炮焰火生产的鞭炮焰火；（5）外购已税杆头、杆身和握把为原料生产的高尔夫球杆；（6）外购已税木制一次性筷子为原料生产的木制一次性筷子；（7）外购已税实木地板为原料生产的实木地板；（8）外购已税汽油、柴油、石脑油、燃料油、润滑油用于连续生产应税成品油。

■ 当期准予扣除的应税消费品已纳税款＝期初库存的已税应税消费品已纳税款＋当期购进或收回的委托加工已税应税消费品已纳税款－期末库存的已税应税消费品已纳税款。

■ 委托加工的应税消费品受托方已缴代扣代缴消费税的，委托方收回后以不高于受托方的计税价格出售的，不再缴纳消费税；以高于受托方的计税价格出售的，需申报缴纳消费税，在计税时准予扣除受托方已代收代缴的消费税。

■ 出口企业出口或视同出口适用增值税退（免）税的货物，免征消费税，如果属于购进出口的货物，退还前一环节对其已征的消费税。

■ 出口企业出口或视同出口适用增值税免税政策的货物，免征消费税，但不退还其以前环节已征的消费税，且不允许在内销应税消费品应纳消费税款中抵扣。

■ 出口企业出口或视同出口适用增值税征税政策的货物，应缴纳消费税，不退还其以前环节已征的消费税，且不允许在内销应税消费品消费税款中抵扣。

■ 车辆购置税应纳税额 = 计税依据 × 税率（10%）。

■ 纳税人购买自用应税车辆的计税价格，为纳税人实际支付给销售者的全部价款，不包括增值税税款。

■ 纳税人进口自用应税车辆的计税价格，为关税完税价格加上关税和消费税。

■ 纳税人自产自用应税车辆的计税价格，按照纳税人生产的同类应税车辆的销售价格确定，不包括增值税税款。

■ 纳税人以受赠、获奖或者其他方式取得自用应税车辆的计税价格，按照购置应税车辆时相关凭证载明的价格确定，不包括增值税税款。

■ 纳税人申报的应税车辆计税价格明显偏低，又无正当理由的，由税务机关依照《中华人民共和国税收征收管理法》的规定核定其应纳税额。

■ 免征车辆购置税的有：（1）依照法律规定应当予以免税的外国驻华使馆、领事馆和国际组织驻华机构及其有关人员自用的车辆；（2）中国人民解放军和中国人民武装警察部队列入装备订货计划的车辆；（3）悬挂应急救援专用号牌的国家综合性消防救援车辆；（4）设有固定装置的非运输专用作业车辆；（5）城市公交企业购置的公共汽电车辆。

■ 自2021年1月1日至2022年12月31日，对购置的新能源汽车免征车辆购置税。免征车辆购置税的新能源汽车是指纯电动汽车、插电式混合动力（含增程式）汽车、燃料电池汽车。

■ 对购置日期在 2022 年 6 月 1 日至 2022 年 12 月 31 日期间内且单车价格（不含增值税）不超过 30 万元的 2.0 升及以下排量乘用车，减半征收车辆购置税。

■ 已缴纳车辆购置税的车辆，发生车辆退回生产企业或者经销商的，符合免税条件但已征税的设有固定装置的非运输车辆，以及其他依据法律法规规定应予退税情形的，纳税人向税务机关申请退还已缴纳的车辆购置税。因质量原因，车辆退回生产企业或者经销商的，纳税人申请退税时，主管税务机关自纳税人办理纳税申报之日起，按已缴纳税款每满 1 年扣减 10% 计算退税额；未满 1 年的，按已缴纳税款全额退税。

■ 在一个纳税年度内，已完税的车船被盗抢、报废、灭失的，纳税人可以凭有关管理机关出具的证明和完税证明，向纳税所在地的主管税务机关申请退还自被盗抢、报废、灭失月份起至该纳税年度终了期间的税款。

■ 企业所得税的居民企业，是指依法在中国境内成立，或者依照外国（地区）法律成立但实际管理机构在中国境内的企业。

■ 居民企业应当就其来源于中国境内、境外的所得缴纳企业所得税。

■ 非居民企业在中国境内设立机构、场所的，就该机构、场所取得的来源于中国境内的所得，以及发生在中国境外但与其所设机构、场所有实际联系的所得缴纳企业所得税。非居民企业在中国境内未设立机构、场所的，或者虽设立机构、场所但取得的所得与其所设机构、场所没有实际联系的，就来源于中国境内的所得缴纳企业所得税。

■ 来源于中国境内、境外的所得，按照以下原则确定：（1）销售货物所得，按照交易活动发生地确定；（2）提供劳务所得，按照劳务发生地确定；（3）转让财产所得，不动产转让所得按照不动产所在地确定，动产转让所得按照转让动产的企业或者机构、场所所在地确定，权益性投资资产转让所得按照被投资企业所在地确定；（4）股息、红利等权益性投资所得，按照分配所得的企业所在地确定；（5）利息所得、租金所得、特许权使用费所得，按照负担、支付所得的企业或者机构、场所所在地确定，或者按照负担、支付所得的个人的住所地确定；（6）其他所得，由国务院财政、税务主管部门确定。

■ 企业所得税的计税依据是应纳税所得额。应纳税所得额为企业每一纳税年度的收入总额，减除不征税收入、免税收入、各项扣除以及允许弥补的以前年度亏损后的余额。

■ 企业应纳税所得额的计算以权责发生制为原则，属于当期的收入和费用，不论款项是否收付，均作为当期的收入和费用；不属于当期的收入和费用，即使款项已经在当期收付，均不作为当期的收入和费用。

■ 企业以货币形式和非货币形式从各种来源取得的收入，为收入总额。包括：（1）销售货物收入；（2）提供劳务收入；（3）转让财产收入；（4）股息、红利等权益性投资收益；（5）利息收入；（6）租金收入；（7）特许权使用费收入；（8）接受捐赠收入；（9）其他收入。

■ 收入总额中的下列收入为不征税收入：财政拨款、依法收取并纳入财政管理的行政事业性收费、政府性基金、国务院规定的其他不征税收入。

■ 企业销售商品同时满足下列条件的，应确认收入的实现：（1）商品销售合同已经签订，企业已将商品所有权相关的主要风险和报酬转移给购货方；（2）企业对已售出的商品既没有保留通常与所有权相联系的继续管理权，也没有实施有效控制；（3）收入的金额能够可靠地计量；（4）已发生或将发生的销售方的成本能够可靠地核算。

■ 仅就来源于中国境内所得缴纳企业所得税的非居民企业取得境内股息、红利等权益性投资收益和利息、租金、特许权使用费所得，以收入全额为应纳税所得额。

■ 企业实际发生的与取得收入有关的、合理的支出，准予在计算应纳税所得额时扣除。这些支出包括成本、费用、税金、损失和其他支出。

■ 税前扣除凭证按照来源的不同可以分为内部凭证和外部凭证。主要的外部凭证是发票（包括纸质发票和电子发票），外部凭证还包括财政票据、完税凭证、收款凭证、分割单等。

■ 企业在境内发生的支出项目属于增值税应税项目，对方为依法无需办理税务登记的单位或者从事小额零星经营业务的个人，其支出以税务机关代开的发票或者收款凭证及内部凭证作为税前扣除凭证，收款凭证应载明收款单位名称、个人姓名及身份证号、支出项目、收款金额等相关信息。小额零星经营业务的判断标准是个人从事应税项目经营业务的销售额不超过增值税相关政策规定的起征点。

■ 企业从境外购进货物或者劳务发生的支出，以对方开具的发票或者具有发票性质的收款凭证、相关税费缴纳凭证作为税前扣除凭证。

■ 企业取得私自印制、伪造、变造、作废、开票方非法取得、虚开、填写不规范等不符合规定的发票，以及取得不符合国家法律、法规等相关规定的其他外部凭证，不得作为税前扣除凭证。

■ 企业应在当年度企业所得税法规定的汇算清缴期结束前取得税前扣除凭证。汇算清缴期结束后，税务机关发现企业应当取得而未取得发票、其他外部凭证或者取得不合规发票、不合规其他外部凭证并且告知企业的，企业应当自被告知之日起 60 日内补开、换开符合规定的发票、其他外部凭证。

■ 企业发生的职工福利费支出，不超过工资薪金总额 14% 的部分，准予扣除。企业拨缴的职工工会经费，不超过工资薪金总额 2% 的部分，凭《工会经费收入专用收据》或合法、有效的工会经费代收凭据在企业所得税税前扣除。

■ 自 2018 年 1 月 1 日起，企业发生的职工教育经费支出，不超过工资薪金总额 8% 的部分，准予扣除；超过部分，准予在以后纳税年度结转扣除。

■ 集成电路设计企业、符合条件软件企业和经认定的动漫企业的职工培训费用，应单独进行核算并按实际发生额在计算应纳税所得额时扣除。

■ 企业在生产经营活动中发生的合理的借款费用，应区分为收益性支出和资本性支出在税前扣除。

■ 非金融企业向非金融企业借款的利息支出，不超过按照金融企业同期同类贷款利率计算的数额的部分，准予税前扣除。

■ 企业发生的与生产经营活动有关的业务招待费支出，按照发生额的 60% 扣除，但最高不得超过当年销售（营业）收入的 5‰。

■ 符合条件的广告费宣传费支出，除国务院财政、税务主管部门另有规定外，不超过当年销售（营业）收入 15% 的部分，准予扣除；超过部分，准予在以后纳税年度结转扣除。

■ 对化妆品制造或销售、医药制造和饮料制造（不含酒类制造）企业发生的广告费和业务宣传费支出，不超过当年销售（营业）收入 30% 的部分，准予扣除；超过部分，准予在以后纳税年度结转扣除。

■ 企业发生的公益性捐赠支出，在年度利润总额 12% 以内的部分，准予在计算应纳税所得额时扣除；超过年度利润总额 12% 的部分，准予结转以后三年内在计算应纳税所得额时扣除。

■ 自 2019 年 1 月 1 日至 2022 年 12 月 31 日，企业通过公益性社会组织或者县级（含县级）以上人民政府及其组成部门和直属机构，用于目标脱贫地区的扶贫捐赠支出，准予在计算企业所得税应纳税所得额时据实扣除。

■ 向投资者支付的股息、红利；企业所得税税款；税收滞纳金；罚金、罚款和被没收财物的损失；准予在计算应纳税所得额时扣除的公益性捐赠以外的捐赠支出；赞助支出；未经核定的准备金支出；与取得收入无关的其他支出等不得税前扣除。

■ 企业的各项资产，包括固定资产、生物资产、无形资产、长期待摊费用、投资资产、存货等，以历史成本为计税基础。

■ 下列固定资产不得计算折旧扣除：（1）房屋、建筑物以外未投入使用的固定资产；（2）以经营租赁方式租入的固定资产；（3）以融资租赁方式租出的固定资产；（4）已足额提取折旧仍继续使用的固定资产；（5）与经营活动无关的固定资产；（6）单独估价作为固定资产入账的土地；（7）其他不得计算折旧扣除的固定资产。

■ 无形资产按照直线法计算的摊销费用，准予扣除。无形资产的摊销年限不得低于 10 年。作为投资或受让的无形资产，有关法律规定或合同约定了使用年限的，可按规定或者约定的使用年限分期摊销。

■ 企业各项存货的使用或者销售，其实际成本的计算方法，可以在先进先出法、加权平均法、个别计价法中选用一种。计价方法一经选用，不得随意变更。

■ 企业发生的长期待摊费用，按照规定摊销的，准予扣除。其他应当作为长期待摊费用的支出，自支出发生月份的次月起，分期摊销，摊销年限不得低于 3 年。

■ 已足额提取折旧的固定资产的改建支出，按照固定资产预计尚可使用年限分期摊销；租入固定资产的改建支出，按照合同约定的剩余租赁期限分期摊销。

■ 固定资产的大修理支出，按照固定资产尚可使用年限分期摊销。大修理支出，是指同时符合下列条件的支出：修理支出达到取得固定资产时的计税基础 50% 以上；修理后固定资产的使用年限延长 2 年以上。

■ 投资资产是指企业对外进行权益性投资和债权性投资形成的资产。企业对外投资期间，投资资产的成本在计算应纳税所得额时不得扣除。企业在转让或者处置投资资产时，投资资产的成本，准予扣除。

■ 企业以前年度发生的资产损失未能在当年税前扣除的，属于实际资产损失，准予追补至该项损失发生年度扣除，其追补确认期限一般不得超过五年。属于法定资产损失，应在申报年度扣除。

■ 企业纳税年度发生的亏损，准予向以后年度结转，用以后年度的所得弥补，但结转年限最长不得超过五年。当年具备高新技术企业或科技型中小企业资格（以下统称资格）的企业，其具备资格年度之前 5 个年度发生的尚未弥补完的亏损，准予结转以后年度弥补，最长结转年限由 5 年延长至 10 年。受疫情影响较大的困难行业企业 2020 年度发生的亏损最长结转年限延长至 8 年。

■ 企业在汇总计算缴纳企业所得税时，其境外营业机构的亏损不得抵减境内营业机构的盈利。

■ 查账征收企业所得税的居民企业，应缴纳所得税额的基本计算公式为：应纳税额 = 应纳税所得额 × 适用税率 − 减免税额 − 抵免税额

■ 采用应税所得率方式核定征收企业所得税的居民企业，应纳所得税额计算公式如下：应纳所得税额 = 应纳税所得额 × 适用税率。应纳税所得额 = 应税收入额 × 应税所得率，或应纳税所得额 = 成本（费用）支出额 /（1− 应税所得率）× 应税所得率。

■ 一个纳税年度内，居民企业技术转让所得不超过 500 万元的部分，免征企业所得税；超过 500 万元的部分，减半征收企业所得税。

■ 制造业企业开展研发活动中实际发生的研发费用，未形成无形资产计入当期损益的，在按规定据实扣除的基础上，自 2021 年 1 月 1 日起，再按照实际发生额的 100% 在税前加计扣除；形成无形资产的，自 2021 年 1 月 1 日起，按照无形资产成本的 200% 在税前摊销。

■ 科技型中小企业开展研发活动中实际发生的研发费用，未形成无形资产计入当期损益的，在按规定据实扣除的基础上，自 2022 年 1 月 1 日起，再

按照实际发生额的 100% 在税前加计扣除；形成无形资产的，自 2022 年 1 月 1 日起，按照无形资产成本的 200% 在税前摊销。

■ 企业安置残疾人员的，在按照支付给残疾职工工资据实扣除的基础上，按照支付给残疾职工工资的 100% 加计扣除。

■ 对所有行业企业 2014 年 1 月 1 日后新购进的专门用于研发的仪器、设备，单位价值不超过 100 万元的，允许一次性计入当期成本费用在计算应纳税所得额时扣除，不再分年度计算折旧；单位价值超过 100 万元的，可缩短折旧年限或采取加速折旧的方法。

■ 2021 年度，企业 10 月份预缴申报第 3 季度（按季预缴）或 9 月份（按月预缴）企业所得税时，可以自主选择就前三季度研发费用享受加计扣除优惠政策。对 10 月份预缴申报期未选择享受优惠的，可以在 2022 年办理 2021 年度企业所得税汇算清缴时统一享受。

■ 自 2022 年 1 月 1 日起，企业 10 月份预缴申报第 3 季度（按季预缴）或 9 月份（按月预缴）企业所得税时，可以自主选择就当年前三季度研发费用享受加计扣除优惠政策。对 10 月份预缴申报期未选择享受研发费用加计扣除优惠政策的，可以在办理当年度企业所得税汇算清缴时统一享受。

■ 自 2020 年 1 月 1 日至 2021 年 3 月 31 日，对疫情防控重点保障物资生产企业为扩大产能新购置的相关设备，允许一次性计入当期成本费用在企业所得税税前扣除。

■ 企业在 2018 年 1 月 1 日至 2023 年 12 月 31 日期间新购进的设备、器具，单位价值不超过 500 万元的，允许一次性计入当期成本费用在计算应纳税所得额时扣除，不再分年度计算折旧。

■ 中小微企业在 2022 年 1 月 1 日至 2022 年 12 月 31 日期间新购置的设备、器具，单位价值在 500 万元以上的，按照单位价值的一定比例自愿选择在企业所得税税前扣除。其中，企业所得税法实施条例规定最低折旧年限为 3 年的设备器具，单位价值的 100% 可在当年一次性税前扣除；最低折旧年限为 4 年、5 年、10 年的，单位价值的 50% 可在当年一次性税前扣除，其余 50% 按规定在剩余年度计算折旧进行税前扣除。

■ 自 2021 年 1 月 1 日至 2022 年 12 月 31 日，对小型微利企业年应纳税所得额不超过 100 万元的部分，减按 12.5% 计入应纳税所得额，按 20% 的税率缴纳企业所得税。

■ 自 2022 年 1 月 1 日至 2024 年 12 月 31 日，对小型微利企业年应纳税所得额超过 100 万元但不超过 300 万元的部分，减按 25% 计入应纳税所得额，按 20% 的税率缴纳企业所得税。

■ 享受小型微利企业优惠的企业必须同时满足的条件：从事国家非限制和禁止行业；从业人数不超过 300 人，资产总额不超过 5000 万元，应纳税所得额不超过 300 万元。

■ 国家需要重点扶持的高新技术企业，减按 15% 的税率征收企业所得税。

■ 国家鼓励的集成电路线宽小于 28 纳米（含），且经营期在 15 年以上的集成电路生产企业或项目，第一年至第十年免征企业所得税；国家鼓励的集成电路线宽小于 65 纳米（含），且经营期在 15 年以上的集成电路生产企业或项目，第一年至第五年免征企业所得税，第六年至第十年按照 25% 的法定税率减半征收企业所得税；国家鼓励的集成电路线宽小于 130 纳米（含），且经营期在 10 年以上的集成电路生产企业或项目，第一年至第二年免征企业所得税，第三年至第五年按照 25% 的法定税率减半征收企业所得税。对于按照集成电路生产企业享受税收优惠政策的，优惠期自获利年度起计算；对于按照集成电路生产项目享受税收优惠政策的，优惠期自项目取得第一笔生产经营收入所属纳税年度起计算，集成电路生产项目需单独进行会计核算、计算所得，并合理分摊期间费用。

■ 国家鼓励的集成电路设计、装备、材料、封装、测试企业和软件企业，自获利年度起，第一年至第二年免征企业所得税，第三年至第五年按照 25% 的法定税率减半征收企业所得税。

■ 国家鼓励的重点集成电路设计企业和软件企业，自获利年度起，第一年至第五年免征企业所得税，接续年度减按 10% 的税率征收企业所得税。

■ 公司制创业投资企业采取股权投资方式直接投资于种子期、初创期科技型企业（以下简称初创科技型企业）满 2 年（24 个月，下同）的，可以按照投资额的 70% 在股权持有满 2 年的当年抵扣该公司制创业投资企业的应纳税所得额；当年不足抵扣的，可以在以后纳税年度结转抵扣。

■ 非居民企业在中国境内未设立机构、场所的，或者虽设立机构、场所但取得的所得与其所设机构、场所没有实际联系的，取得来源于中国境内的所得，减按 10% 的税率征收企业所得税，实行源泉扣缴，以支付人为扣缴义务人。

■ 对非居民企业在中国境内取得工程作业和劳务所得应缴纳的所得税，税务机关可以指定工程价款或者劳务费的支付人为扣缴义务人。

■ 企业与其关联方之间的业务往来，不符合独立交易原则而减少企业或者其关联方应纳税收入或者所得额的，税务机关有权按照合理方法调整。

■ 预约定价安排的谈签与执行通常经过预备会谈、谈签意向、分析评估、正式申请、磋商签署和监控执行六个阶段。

■ 居民企业在中国境内设立不具有法人资格的营业机构的，应当汇总计算并缴纳企业所得税。汇总纳税企业实行"统一计算、分级管理、就地预缴、汇总清算、财政调库"的企业所得税征收管理办法。

■ 总机构和具有主体生产经营职能的二级分支机构，就地分摊缴纳企业所得税。以下二级分支机构不就地分摊缴纳企业所得税：（1）不具有主体生产经营职能，且在当地不缴纳增值税、营业税的产品售后服务、内部研发、仓储等汇总纳税企业内部辅助性的二级分支机构（2）上年度认定为小型微利企业的二级分支机构（3）新设立的二级分支机构（4）当年撤销的二级分支机构（5）汇总纳税企业在中国境外设立的不具有法人资格的二级分支机构。

■ 除国务院财政、税务主管部门另有规定外，企业在重组过程中，应当在交易发生时确认有关资产的转让所得或者损失，相关资产应当按照交易价格重新确定计税基础。

■ 债务重组、资产收购、股权收购、企业合并和分立同时符合下列条件的，适用特殊性税务处理：（1）具有合理的商业目的，且不以减少、免除或者推迟缴纳税款为主要目的。（2）被收购、合并或分立部分的资产或股权比例符合规定的比例。（3）企业重组后的连续 12 个月内不改变重组资产原来的实质性经营活动。（4）重组交易对价中涉及股权支付金额符合规定比例。（5）企业重组中取得股权支付的原主要股东，在重组后连续 12 个月内，不得转让所取得的股权。

■ 企业应将整个清算期作为一个独立的纳税年度计算清算所得。清算期是指企业实际生产经营终止之日至办理完毕清算事务之日止的期间。企业的全部资产可变现价值或交易价格，减除资产的计税基础、清算费用、相关税费，加上债务清偿损益等后的余额，为清算所得。

■ 个人所得税纳税人分为居民个人和非居民个人。居民个人应就从中国境内和境外取得的所得缴纳个人所得税。非居民个人仅就从中国境内取得的所得缴纳个人所得税。

■ 个人所得税以所得人为纳税人，以支付所得的单位或个人为扣缴义务人。

■ 在中国境内无住所的纳税人，在中国境内居住累计满 183 天的年度连续不满六年的，经向主管税务机关备案，其来源于中国境外且由境外单位或个人支付的所得，免予缴纳个人所得税。

■ 在中国境内无住所的个人，在一个纳税年度内在中国境内居住累计不超过 90 天的，其来源于中国境内的所得，由境外雇主支付并且不由该雇主在中国境内的机构、场所负担的部分，免予缴纳个人所得税。

■ 个人所得税的税率包括：七级超额累进税率；五级超额累进税率；20% 比例税率。

■ 综合所得适用七级超额累进税率；经营所得适用五级超额累进税率；下列所得适用 20% 的个人所得税税率：（1）利息、股息、红利所得；（2）财产租赁所得；（3）财产转让所得；（4）偶然所得。

■ 居民个人的综合所得，以每一纳税年度的收入额减除费用六万元以及专项扣除、专项附加扣除和依法确定的其他扣除后的余额，为应纳税所得额。

■ 非居民个人的工资、薪金所得，以每月收入额减除费用五千元后的余额为应纳税所得额；劳务报酬所得、稿酬所得、特许权使用费所得，以每次收入额为应纳税所得额。

■ 劳务报酬所得、稿酬所得、特许权使用费所得，属于一次性收入的，以取得该项收入为一次；属于同一项目连续性收入的，以一个月内取得的收入为一次。

■ 劳务报酬所得、稿酬所得、特许权使用费所得以收入减除 20% 的费用后的余额为收入额。稿酬所得的收入额减按 70% 计算。

■ 个人所得税专项扣除，包括居民个人按照国家规定的范围和标准缴纳的基本养老保险、基本医疗保险、失业保险等社会保险费和住房公积金等。

■ 个人所得税专项附加扣除，是指个人所得税法规定的子女教育、继续教育、大病医疗、住房贷款利息或者住房租金、赡养老人、3 岁以下婴幼儿照护等 7 项专项附加扣除。

■ 3 岁以下婴幼儿照护个人所得税专项附加扣除自 2022 年 1 月 1 日起实施。纳税人照护 3 岁以下婴幼儿子女的相关支出，按照每个婴幼儿每月 1000 元的标准定额扣除。父母可以选择由其中一方按扣除标准的 100% 扣除，也可以选择由双方分别按扣除标准的 50% 扣除，具体扣除方式在一个纳税年度内不能变更。

■ 纳税人的子女接受全日制学历教育的相关支出，按每个子女每月 1000 元的标准定额扣除。年满 3 岁至小学入学前处于学前教育阶段的子女，也可扣除。

■ 子女教育支出的扣除，父母可以选择由其中一方按扣除标准的 100% 扣除，也可以选择由双方分别按扣除标准的 50% 扣除，具体扣除方式在一个纳税年度内不能变更。

■ 纳税人在中国境内接受学历（学位）继续教育的支出，在学历（学位）教育期间按照每月 400 元定额扣除。同一学历（学位）继续教育的扣除期限不能超过 48 个月。纳税人接受技能人员职业资格继续教育、专业技术人员职业资格继续教育的支出，在取得相关证书的当年，按照 3600 元定额扣除。

■ 在一个纳税年度内，纳税人发生的与基本医保相关的医药费用支出，扣除医保报销后个人负担（指医保目录范围内的自付部分）累计超过 15000 元的部分，由纳税人在办理年度汇算清缴时，在 80000 元限额内据实扣除。

■ 纳税人发生的医药费用支出可以选择由本人或者其配偶扣除；未成年子女发生的医药费用支出可以选择由其父母一方扣除。

■ 首套住房贷款利息支出，在实际发生贷款利息的年度，按照每月 1000 元的标准定额扣除，扣除期限最长不超过 240 个月。纳税人只能享受一次首套住房贷款的利息扣除。

■ 住房租金支出的扣除标准：（1）直辖市、省会（首府）城市、计划单列市以及国务院确定的其他城市，每月1500元。（2）除第（1）项所列城市以外，市辖区户籍人口超过100万的，每月1100元；不超过的，每月800元。

■ 纳税人及其配偶在一个纳税年度内不能同时分别享受住房贷款利息和住房租金专项附加扣除。

■ 纳税人赡养一位及以上被赡养人的赡养支出，扣除标准：（1）纳税人为独生子女的，每月2000元；（2）纳税人为非独生子女的，每月2000元的扣除额度按照约定分摊、平均分摊或指定分摊（由被赡养人指定分摊）扣除，兄弟姐妹每人分摊的额度不能超过每月1000元。

■ 依法确定的其他扣除，包括个人缴付符合国家规定的企业年金、职业年金，个人购买符合国家规定的商业健康保险、税收递延型商业养老保险的支出，以及国务院规定可以扣除的其他项目。

■ 除另有规定外，居民个人发生的公益捐赠支出，在综合所得、经营所得中扣除的，扣除限额分别为当年综合所得、当年经营所得应纳税所得额的30%；在分类所得中扣除的，扣除限额为当月分类所得应纳税所得额的30%。

■ 居民个人根据各项所得的收入、公益捐赠支出、适用税率等情况，自行决定在综合所得、分类所得、经营所得中扣除的公益捐赠支出的顺序。

■ 经营所得，以每一纳税年度的收入总额减除成本、费用以及损失后的余额，为应纳税所得额。

■ 利息、股息、红利和偶然所得以每次收入额为应纳税所得额。以支付利息、股息、红利时取得的收入为一次。偶然所得，以每次取得该项收入为一次。

■ 财产租赁所得，每次收入不超过四千元的，减除费用八百元；四千元以上的，减除百分之二十的费用，其余额为应纳税所得额。财产租赁所得，以一个月内取得的收入为一次。

■ 财产转让所得，以转让财产的收入额减除财产原值和合理费用后的余额，为应纳税所得额。

■ 个人转让股权，以股权转让收入减除股权原值和合理费用后的余额为应纳税所得额。

■ 个人转让股权收入是指转让方因股权转让而获得的现金、实物、有价证券和其他形式的经济利益。转让方取得与股权转让相关的各种款项，包括违约金、补偿金以及其他名目的款项、资产、权益等，均应当并入股权转让收入。纳税人按照合同约定，在满足约定条件后取得的后续收入，应当作为股权转让收入。

■ 股权转让收入应当按照公平交易原则确定。符合下列情形之一的，主管税务机关可以核定股权转让收入：（1）申报的股权转让收入明显偏低且无正当理由的；（2）未按照规定期限办理纳税申报，经税务机关责令限期申报，逾期仍不申报的；（3）转让方无法提供或拒不提供股权转让收入的有关资料；（4）其他应核定股权转让收入的情形。

■ 符合下列条件之一的股权转让收入明显偏低，视为有正当理由：（1）能出具有效文件，证明被投资企业因国家政策调整，生产经营受到重大影响，导致低价转让股权；（2）继承或将股权转让给其能提供具有法律效力身份关系证明的配偶、父母、子女、祖父母、外祖父母、孙子女、外孙子女、兄弟姐妹以及对转让人承担直接抚养或者赡养义务的抚养人或者赡养人；（3）相关法律、政府文件或企业章程规定，并有相关资料充分证明转让价格合理且真实的本企业员工持有的不能对外转让股权的内部转让；（4）股权转让双方能够提供有效证据证明其合理性的其他合理情形。

■ 个人转让股权，个人所得税以被投资企业所在地税务机关为主管税务机关。

■ 福利费、抚恤金、救济金免征个人所得税。免征个人所得税的福利费是指根据国家有关规定，从企业、事业单位、国家机关、社会组织提留的福利费或者工会经费中支付给个人的生活补助费；所称救济金，是指各级人民政府民政部门支付给个人的生活困难补助费。

■ 按照国家统一规定发给干部、职工的安家费、退职费、基本养老金或者退休费、离休费、离休生活补助费免征个人所得税。

■ 个人从公开发行和转让市场取得的上市公司股票，持股期限超过1年的，股息红利所得暂免征个税。持股期限在1个月以内（含1个月）的，全额计入应纳税所得额；持股期限在1个月以上至1年（含1年）的，暂减按

50% 计入应纳税所得额。

■ 自 2022 年 1 月 1 日起，对法律援助人员按照《中华人民共和国法律援助法》规定获得的法律援助补贴，免征增值税和个人所得税。法律援助机构向法律援助人员支付法律援助补贴时，应当为获得补贴的法律援助人员办理个人所得税劳务报酬所得免税申报。

■ 扣缴义务人向居民个人支付工资、薪金所得时，应当按照累计预扣法计算预扣税款，并按月办理扣缴申报。对上一完整纳税年度内每月均在同一单位预扣预缴工资、薪金所得个人所得税且全年工资、薪金收入不超过 6 万元的居民个人，扣缴义务人在预扣预缴本年度工资、薪金所得个人所得税时，累计减除费用自 1 月份起直接按照全年 6 万元计算扣除。对一个纳税年度内首次取得工资、薪金所得的居民个人，扣缴义务人在预扣预缴个人所得税时，可按照 5000 元／月乘以纳税人当年截至本月月份数计算累计减除费用。扣缴义务人向居民个人支付劳务报酬所得、稿酬所得、特许权使用费所得时，按次或者按月预扣预缴税款。扣缴义务人每月或者每次预扣、代扣的税款，应当在次月十五日内缴入国库，并向税务机关报送扣缴个人所得税申报表。

■ 纳税人取得综合所得符合下列情形之一的，需要办理年度汇算：（1）已预缴税额大于年度应纳税额且申请退税的；（2）综合所得收入全年超过 12 万元且需要补税金额超过 400 元的。需要办理汇算清缴的纳税人，应当在取得所得的次年 3 月 1 日至 6 月 30 日内办理汇算清缴。

■ 纳税人在 2021 年度内已依法预缴个人所得税且符合下列情形之一的，无需办理年度汇算：（1）年度汇算需补税但综合所得收入全年不超过 12 万元的；（2）年度汇算需补税金额不超过 400 元的；（3）已预缴税额与年度汇算应纳税额一致的；（4）符合年度汇算退税条件但不申请退税的。

■ 纳税人取得经营所得，按年计算个人所得税，由纳税人在月度或季度终了后 15 日内，向经营管理所在地主管税务机关办理预缴纳税申报。在取得所得的次年 3 月 31 日前，向经营管理所在地主管税务机关办理汇算清缴，从两处以上取得经营所得的，选择向其中一处经营管理所在地主管税务机关办理年度汇总申报。

■ 居民个人从中国境外取得的所得，可以从其应纳税额中抵免已在境外缴纳的个人所得税税额，但抵免额不得超过该纳税人境外所得依照个人所得税法规定计算的应纳税额。

■ 土地增值税的计税依据为纳税人转让房地产所取得的增值额。纳税人转让房地产所取得的收入减除规定扣除项目金额后的余额，为增值额。

■ 房地产开发企业出售新建房及配套设施，扣除项目包括：（1）取得土地使用权所支付的金额。（2）房地产开发成本。（3）房地产开发费用。（4）与转让房地产有关的税金。（5）财政部确定的其他扣除项目（对从事房地产开发的纳税人允许按（1）、（2）之和，加计20%扣除）。

■ 房地产开发成本包括土地征用及拆迁补偿费、前期工程费、建筑安装工程费、基础设施费、公共配套设施费、开发间接费用。

■ 房地产开发费用是指与房地产开发项目有关的销售费用、管理费用、财务费用。

■ 凡能按转让房地产项目计算分摊利息并提供金融机构证明的，允许据实扣除，但最高不能超过按商业银行同类同期贷款利率计算的金额。对于利息支出以外的其他房地产开发费用，按取得土地使用权支付的金额和房地产开发成本金额之和的5%以内计算扣除。凡不能按转让房地产项目计算分摊利息支出或不能提供金融机构证明的，房地产开发费用按取得土地使用权支付的金额和房地产开发成本金额之的10%以内计算扣除。

■ 转让旧房的，应按房屋及建筑物的评估价格、取得土地使用权所支付的地价款和按国家统一规定交纳的有关费用以及在转让环节缴纳的税金作为扣除项目金额计征土地增值税。对取得土地使用权时未支付地价款或不能提供已支付的地价款凭据的，不允许扣除取得土地使用权所支付的金额。

■ 计算土地增值税税额，可按增值额乘以适用的税率减去扣除项目金额乘以速算扣除系数的简便方法计算，具体公式如下：（1）增值额未超过扣除项目金额50%，土地增值税税额＝增值额×30%；（2）增值额超过扣除项目金额50%，未超过100%的，土地增值税税额＝增值额×40%－扣除项目金额×5%；（3）增值额超过扣除项目金额100%，未超过200%的，土地增值税税额＝增值额×50%－扣除项目金额×15%；（4）增值额超过扣除项目金额200%，土地增值税税额＝增值额×60%－扣除项目金额×35%。公式中的5%，15%，35%为速算扣除系数。

■ 纳税人在项目全部竣工结算前转让房地产取得的收入，由于涉及成本确定或其他原因，而无法据以计算土地增值税的，可以预征土地增值税，待该项目全部竣工、办理结算后再进行清算，多退少补。

■ 对于主管税务机关确定需要进行清算的项目，由主管税务机关下达清算通知，纳税人应当在收到清算通知之日起 90 日内办理清算手续并提供相应的清算资料。

■ 主管税务机关受理纳税人清算资料后，应在一定期限内及时组织清算审核。清算审核时，应审核房地产开发项目是否以国家有关部门审批、备案的项目为单位进行清算；对于分期开发的项目，是否以分期项目为单位清算；对不同类型房地产是否分别计算增值额、增值率，缴纳土地增值税。

■ 土地增值税核定征收率原则上不得低于 5%，各省级税务机关要结合本地实际，区分不同房地产类型制定核定征收率。

■ 因国家建设需要依法征用、收回的房地产，免征土地增值税。因国家建设需要依法征用、收回的房地产，是指因城市实施规划、国家建设的需要而被政府批准征用的房产或收回的土地使用权。

■ 纳税人建造普通标准住宅出售，增值额未超过扣除项目金额 20% 的免征土地增值税。个人销售住房暂免征收土地增值税。

■ 资源税的应纳税额，按照从价定率或者从量定额的办法，分别以应税产品的销售额乘以纳税人适用的比例税率或以应税产品的销售数量乘以纳税人具体适用的定额税率计算。

■ 从价定率征收资源税的应税产品，资源税计税依据为销售额。销售额为纳税人销售应税产品向购买方收取的全部价款和价外费用，但不包括收取的增值税销项税额。

■ 计入销售额中的相关运杂费用，凡取得增值税发票或者其他合法有效凭据的，准予从销售额中扣除。相关运杂费用是指应税产品从坑口或者洗选（加工）地到车站、码头或者购买方指定地点的运输费用、建设基金以及随运销产生的装卸、仓储、港杂费用。

■ 纳税人外购应税产品与自采应税产品混合销售或者混合加工为应税产品销售的，在计算应税产品销售额或者销售数量时，准予扣减外购应税产品的购进金额或者购进数量；当期不足扣减的，可结转下期扣减。纳税人应当准确核算外购应税产品的购进金额或者购进数量，未准确核算的，一并计算缴纳资源税。

■ 纳税人自用应税产品应当缴纳资源税的情形，包括纳税人以应税产品用于非货币性资产交换、捐赠、偿债、赞助、集资、投资、广告、样品、职工福利、利润分配或者连续生产非应税产品等。

■ 纳税人开采原油以及在油田范围内运输原油过程中用于加热的原油、天然气，免征资源税。煤炭开采企业因安全生产需要抽采的煤成（层）气，免征资源税。

■ 从低丰度油气田开采的原油、天然气，减征百分之二十资源税；高含硫天然气、三次采油和从深水油气田开采的原油、天然气，减征百分之三十资源税；稠油、高凝油减征百分之四十资源税；从衰竭期矿山开采的矿产品，减征百分之三十资源税。

■ 自 2022 年 1 月 1 日至 2024 年 12 月 31 日，由省、自治区、直辖市人民政府根据本地区实际情况，以及宏观调控需要确定，对增值税小规模纳税人、小型微利企业和个体工商户可以在 50% 的税额幅度内减征资源税、城市维护建设税、房产税、城镇土地使用税、印花税（不含证券交易印花税）、耕地占用税和教育费附加、地方教育附加。增值税小规模纳税人、小型微利企业和个体工商户已依法享受资源税、城市维护建设税、房产税、城镇土地使用税、印花税、耕地占用税、教育费附加、地方教育附加其他优惠政策的，可叠加享受本公告第一条规定的优惠政策。

■ 环境保护税的计税依据，按照下列方法确定：（1）应税大气污染物、应税水污染物按照污染物排放量折合的污染当量数确定；（2）应税固体废物按照固体废物的排放量确定；（3）应税噪声按照超过国家规定标准的分贝数确定。

■ 在环境保护税中，应税大气污染物、水污染物的污染当量数，以该污染物的排放量除以该污染物的污染当量值计算。

■ 每一排放口或者没有排放口的应税大气污染物，按照污染当量数从大到小排序，对前三项污染物征收环境保护税。每一排放口的应税水污染物，按照本法所附《应税污染物和当量值表》，区分第一类水污染物和其他类水污染物，按照污染当量数从大到小排序，对第一类水污染物按照前五项征收环境保护税，对其他类水污染物按照前三项征收环境保护税。

■ 从两个以上排放口排放应税污染物的，对每一排放口排放的应税污染物分别计算征收环境保护税。

■ 纳税人有下列情形之一的，以其当期应税大气污染物、水污染物的产生量作为污染物的排放量：（1）未依法安装使用污染物自动监测设备或者未将污染物自动监测设备与环境保护主管部门的监控设备联网；（2）损毁或者擅自移动、改变污染物自动监测设备；（3）篡改、伪造污染物监测数据；（4）通过暗管、渗井、渗坑、灌注或者稀释排放以及不正常运行防治污染设施等方式违法排放应税污染物；（5）进行虚假纳税申报。

■ 纳税人有下列情形之一的，以其当期应税固体废物的产生量作为固体废物的排放量：（1）非法倾倒应税固体废物；（2）进行虚假纳税申报。

■ 固体废物的排放量为当期应税固体废物的产生量减去当期应税固体废物的贮存量、处置量、综合利用量的余额。

■ 环境保护税应纳税额按照下列方法计算：（1）应税大气污染物的应纳税额为污染当量数乘以具体适用税额；（2）应税水污染物的应纳税额为污染当量数乘以具体适用税额；（3）应税固体废物的应纳税额为固体废物排放量乘以具体适用税额；（4）应税噪声的应纳税额为超过国家规定标准的分贝数对应的具体适用税额。

■ 农业生产（不包括规模化养殖）排放应税污染物的，免征环境保护税。

■ 机动车、铁路机车、非道路移动机械、船舶和航空器等流动污染源排放应税污染物的，免征环境保护税。

■ 依法设立的城乡污水集中处理、生活垃圾集中处理场所排放相应应税污染物，不超过国家和地方规定的排放标准的，免征环境保护税。

■ 纳税人排放应税大气污染物或者水污染物的浓度值低于国家和地方规定的污染物排放标准30%的，减按百分之七十五征收环境保护税；低于排放标准50%的，减按50%征收环境保护税。

■ 环境保护税纳税义务发生时间为纳税人排放应税污染物的当日。

■ 纳税人应当向应税污染物排放地的税务机关申报缴纳环境保护税。

■ 环境保护税按月计算，按季申报缴纳。不能按固定期限计算缴纳的，可以按次申报缴纳。

■ 纳税人按季申报缴纳环境保护税的，应当自季度终了之日起十五日内，向税务机关办理纳税申报并缴纳税款。纳税人按次申报缴纳的，应当自纳税义务发生之日起十五日内，向税务机关办理纳税申报并缴纳税款。

■ 在中华人民共和国境内书立应税凭证、进行证券交易的单位和个人，为印花税的纳税人，应当依照本法规定缴纳印花税。采用委托贷款方式书立的借款合同纳税人，为受托人和借款人，不包括委托人。企业之间书立的确定买卖关系、明确买卖双方权利义务的订单、要货单等单据，且未另外书立买卖合同的，应当按规定缴纳印花税。

■ 在中华人民共和国境外书立在境内使用的应税凭证，应当按规定缴纳印花税。包括以下几种情形：（1）应税凭证的标的为不动产的，该不动产在境内；（2）应税凭证的标的为股权的，该股权为中国居民企业的股权；（3）应税凭证的标的为动产或者商标专用权、著作权、专利权、专有技术使用权的，其销售方或者购买方在境内，但不包括境外单位或者个人向境内单位或者个人销售完全在境外使用的动产或者商标专用权、著作权、专利权、专有技术使用权；（4）应税凭证的标的为服务的，其提供方或者接受方在境内，但不包括境外单位或者个人向境内单位或者个人提供完全在境外发生的服务。

■ 证券交易印花税对证券交易的出让方征收，不对受让方征收。证券交易无转让价格的，按照办理过户登记手续时该证券前一个交易日收盘价计算确定计税依据；无收盘价的，按照证券面值计算确定计税依据。证券交易印花税按周解缴。证券交易印花税扣缴义务人应当自每周终了之日起五日内申报解缴税款以及银行结算的利息。

■ 印花税的应纳税额按照计税依据乘以适用税率计算。同一应税凭证载有两个以上税目事项并分别列明金额的，按照各自适用的税目税率分别计算应纳税额；未分别列明金额的，从高适用税率。同一应税凭证由两方以上当事人书立的，按照各自涉及的金额分别计算应纳税额。

■ 印花税的计税依据如下：（1）应税合同的计税依据，为合同所列的金额，不包括列明的增值税税款；（2）应税产权转移书据的计税依据，为产权转移书据所列的金额，不包括列明的增值税税款；（3）应税营业账簿的计税依据，为账簿记载的实收资本（股本）、资本公积合计金额；（4）证券交易的计税依据，为成交金额。

■ 下列凭证免征印花税：（1）应税凭证的副本或者抄本；（2）依照法律规定应当予以免税的外国驻华使馆、领事馆和国际组织驻华代表机构为获得馆舍书立的应税凭证；（3）中国人民解放军、中国人民武装警察部队书立的应税凭证；（4）农民、家庭农场、农民专业合作社、农村集体经济组织、村民委员会购买农业生产资料或者销售农产品书立的买卖合同和农业保险合同；（5）无息或者贴息借款合同、国际金融组织向中国提供优惠贷款书立的借款合同；（6）财产所有权人将财产赠与政府、学校、社会福利机构、慈善组织书立的产权转移书据；（7）非营利性医疗卫生机构采购药品或者卫生材料书立的买卖合同；（8）个人与电子商务经营者订立的电子订单。

■ 纳税人为单位的，应当向其机构所在地的主管税务机关申报缴纳印花税；纳税人为个人的，应当向应税凭证书立地或者纳税人居住地的主管税务机关申报缴纳印花税。不动产产权发生转移的，纳税人应当向不动产所在地的主管税务机关申报缴纳印花税。

■ 纳税人为境外单位或者个人，在境内有代理人的，以其境内代理人为扣缴义务人；在境内没有代理人的，由纳税人自行申报缴纳印花税，具体办法由国务院税务主管部门规定。

■ 证券登记结算机构为证券交易印花税的扣缴义务人，应当向其机构所在地的主管税务机关申报解缴税款以及银行结算的利息。

■ 房产税由产权所有人缴纳。产权属于全民所有的，由经营管理的单位缴纳。产权出典的，由承典人缴纳。产权所有人、承典人不在房产所在地的，或者产权未确定及租典纠纷未解决的，由房产代管人或者使用人缴纳。

■ 从价计征房产税的，房产税依照房产原值一次减除 10%～30% 后的余值计算缴纳。年应纳税额 = 应税房产原值 ×（1－扣除比例）×1.2%

■ 对依照房产原值计税的房产，不论是否记载在会计账簿固定资产科目中，均应按照房屋原价计算缴纳房产税。按房产余值计税的房产，无论会计上如何核算，房产原值均应包含地价，包括为取得土地使用权支付的价款、开发土地发生的成本费用等。凡以房屋为载体，不可随意移动的附属设备和配套设施，无论在会计核算中是否单独记账与核算，都应计入房产原值，计征房产税。

■ 房产出租的，以房产租金收入为房产税的计税依据。应纳税额＝租金收入×12%。租金收入不含增值税。对个人按市场价格出租的居民住房，可暂减按4%的税率征收房产税。对企事业单位、社会团体以及其他组织向个人、专业化规模化住房租赁企业出租住房的，减按4%的税率征收房产税。

■ 下列房产免纳房产税：一、国家机关、人民团体、军队自用的房产；二、由国家财政部门拨付事业经费的单位自用的房产；三、宗教寺庙、公园、名胜古迹自用的房产；四、个人所有非营业用的房产；五、经财政部批准免税的其他房产。

■ 房产税由纳税人向房产所在地税务机关缴纳，按年计算、分期缴纳。具体纳税期限由省、自治区、直辖市人民政府确定。

■ 房产税纳税义务发生时间具体规定为：（1）纳税人将原有房产用于生产经营，从生产经营之月起缴纳房产税；（2）纳税人自行新建房屋用于生产经营，从建成之次月起缴纳房产税；（3）纳税人委托施工企业建设的房屋，从办理验收手续之次月起缴纳房产税；（4）纳税人购置新建商品房，自房屋交付使用之次月起缴纳房产税；（5）纳税人购置存量房，自办理房屋权属转移、变更登记手续，房地产权属登记机关签发房屋权属证书之次月起，缴纳房产税；（6）纳税人出租、出借房产，自交付出租、出借房产之次月起，缴纳房产税；（7）房地产开发企业自用、出租、出借本企业建造的商品房，自房屋使用或交付之次月起，缴纳房产税；（8）纳税人因房产的实物或权利状态发生变化而依法终止房产税纳税义务的，其应纳税款的计算应截止到房产的实物或权利状态发生变化的当月末。

■ 在城市、县城、建制镇、工矿区范围内使用土地的单位和个人，为城镇土地使用税的纳税人。土地使用税由拥有土地使用权的单位或个人缴纳。拥有土地使用权的纳税人不在土地所在地的，由代管人或实际使用人纳税；土地使用权未确定或权属纠纷未解决的，由实际使用人纳税；土地使用权共有的，由共有各方分别纳税。

■ 城镇土地使用税以纳税人实际占用的土地面积为计税依据，依照规定税额计算征收。纳税人实际占用的土地面积，是指由省、自治区、直辖市人民政府确定的单位组织测定的土地面积。尚未组织测量，但纳税人持有政府部门核发的土地使用证书的，以证书确认的土地面积为准；尚未核发土地使用证书的，应由纳税人据实申报土地面积。

■ 对单独建造的地下建筑用地，按应征税款的50％征收城镇土地使用税。

■ 下列土地免缴土地使用税：（1）国家机关、人民团体、军队自用的土地；（2）由国家财政部门拨付事业经费的单位自用的土地；（3）宗教寺庙、公园、名胜古迹自用的土地；（4）市政街道、广场、绿化地带等公共用地；（5）直接用于农、林、牧、渔业的生产用地；（6）经批准开山填海整治的土地和改造的废弃土地，从使用的月份起免缴土地使用税5年至10年；（7）由财政部另行规定免税的能源、交通、水利设施用地和其他用地。

■ 企业的铁路专用线、公路等用地，在厂区以外与社会公用地段未加隔离的，暂免征收城镇土地使用税；在厂区以外的公共绿化用地和向社会开放的公园用地，暂免征收城镇土地使用税。

■ 纳税人购置新建商品房，自房屋交付使用之次月起，缴纳城镇土地使用税。纳税人购置存量房，自办理房屋权属转移、变更登记手续，房地产权属登记机关签发房屋权属证书之次月起，缴纳城镇土地使用税。出租、出借房产，自交付出租、出借房产之次月起，缴纳城镇土地使用税。

■ 纳税人新征用的耕地，自批准征用之日起满1年后的次月开始缴纳城镇土地使用税。纳税人新征用的非耕地，自批准征用次月起缴纳城镇土地使用税。

■ 在中华人民共和国境内占用耕地建设建筑物、构筑物或者从事非农业建设的单位和个人，为耕地占用税的纳税人。占用耕地建设农田水利设施的，不缴纳耕地占用税。占用园地、林地、草地、农田水利用地、养殖水面、渔业水域滩涂以及其他农用地建设建筑物、构筑物或者从事非农业建设的，依法缴纳耕地占用税。

■ 纳税人因建设项目施工或者地质勘查临时占用耕地，应当依法缴纳耕地占用税。纳税人在批准临时占用耕地期满之日起一年内依法复垦，恢复种植条件的，全额退还已经缴纳的耕地占用税。

■ 耕地占用税以纳税人实际占用的耕地面积为计税依据，按照规定的适用税额一次性征收，应纳税额为纳税人实际占用的耕地面积（平方米）乘以适用税额。

■ 占用基本农田的，按确定的当地适用税额加按150%征收。

■ 耕地占用税的纳税义务发生时间为纳税人收到自然资源主管部门办理占用耕地手续的书面通知的当日。纳税人应当自纳税义务发生之日起三十日内申报缴纳耕地占用税。

■ 军事设施、学校、幼儿园、社会福利机构、医疗机构占用耕地，免征耕地占用税。铁路线路、公路线路、飞机场跑道、停机坪、港口、航道、水利工程占用耕地，减按每平方米二元的税额征收耕地占用税。农村居民在规定用地标准以内占用耕地新建自用住宅，按照当地适用税额减半征收耕地占用税；其中农村居民经批准搬迁，新建自用住宅占用耕地不超过原宅基地面积的部分，免征耕地占用税。农村烈士遗属、因公牺牲军人遗属、残疾军人以及符合农村最低生活保障条件的农村居民，在规定用地标准以内新建自用住宅，免征耕地占用税。

■ 免征或者减征耕地占用税后，纳税人改变原占地用途，不再属于免征或者减征耕地占用税情形的，应当按照当地适用税额补缴耕地占用税。

■ 在中华人民共和国境内属于《车船税税目税额表》规定的车辆、船舶的所有人或者管理人，为车船税的纳税人。

■ 车船税的计税单位有四种。乘用车、客车、摩托车以"每辆"为计税单位；货车、挂车、其他车辆以"整备质量每吨"为计税单位；机动船舶以"净吨位每吨"为计税单位；游艇以"艇身长度每米"为计税单位。

■ 车船税按年申报，分月计算，一次性缴纳。购置的新车船，购置当年的车船税应纳税额自纳税义务发生的当月起按月计算，计算公式为：应纳税额＝（年应纳税额÷12）×应纳税月份数；应纳税月份数＝12－纳税义务发生时间（取月份）+1。

■ 车船税纳税义务发生时间为取得车船所有权或者管理权的当月，以购买车船的发票或其他证明文件所载日期的当月为准。

■ 下列车船免征车船税：（1）捕捞、养殖渔船；（2）军队、武装警察部队专用的车船；（3）警用车船；（4）悬挂应急救援专用号牌的国家综合性消防救援车辆和国家综合性消防救援专用船舶；（5）依照法律规定应当予以免税的外国驻华使领馆、国际组织驻华代表机构及其有关人员的车船。

■ 对节能汽车，减半征收车船税；对新能源车船，免征车船税。减半征收车船税的节能乘用车和商用车、免征车船税的新能源汽车和船舶均应符合规定的标准。

■ 国家综合性消防救援车辆由部队号牌改挂应急救援专用号牌的，一次性免征改挂当年车船税。

■ 在中华人民共和国境内购置汽车、有轨电车、汽车挂车、排气量超过一百五十毫升的摩托车（以下统称应税车辆）的单位和个人，为车辆购置税的纳税人。购置，是指以购买、进口、自产、受赠、获奖或者其他方式取得并自用应税车辆的行为。地铁、轻轨等城市轨道交通车辆，装载机、平地机、挖掘机、推土机等轮式专用机械车，以及起重机（吊车）、叉车、电动摩托车，不属于应税车辆。

■ 车辆购置税实行一次性征收。购置已征车辆购置税的车辆，不再征收车辆购置税。车辆购置税的税率为百分之十。车辆购置税的应纳税额按照应税车辆的计税价格乘以税率计算。

■ 应税车辆的计税价格，按照下列规定确定：（1）纳税人购买自用应税车辆的计税价格，为纳税人实际支付给销售者的全部价款，不包括增值税税款；（2）纳税人进口自用应税车辆的计税价格，为关税完税价格加上关税和消费税；（3）纳税人自产自用应税车辆的计税价格，按照纳税人生产的同类应税车辆的销售价格确定，不包括增值税税款；（4）纳税人以受赠、获奖或者其他方式取得自用应税车辆的计税价格，按照购置应税车辆时相关凭证载明的价格确定，不包括增值税税款。

■ 下列车辆免征车辆购置税：（1）依照法律规定应当予以免税的外国驻华使馆、领事馆和国际组织驻华机构及其有关人员自用的车辆；（2）中国人民解放军和中国人民武装警察部队列入装备订货计划的车辆；（3）悬挂应急救援专用号牌的国家综合性消防救援车辆；（4）设有固定装置的非运输专用作业车辆；（5）城市公交企业购置的公共汽电车辆。

■ 自 2021 年 1 月 1 日至 2022 年 12 月 31 日，对购置的新能源汽车免征车辆购置税。免征车辆购置税的新能源汽车是指纯电动汽车、插电式混合动力（含增程式）汽车、燃料电池汽车。

■ 对购置日期在 2022 年 6 月 1 日至 2022 年 12 月 31 日期间内且单车价

格（不含增值税）不超过 30 万元的 2.0 升及以下排量乘用车，减半征收车辆购置税。

■ 免税、减税车辆因转让、改变用途等原因不再属于免税、减税范围的，纳税人应当在办理车辆转移登记或者变更登记前缴纳车辆购置税。计税价格以免税、减税车辆初次办理纳税申报时确定的计税价格为基准，每满一年扣减百分之十。

■ 纳税人将已征车辆购置税的车辆退回车辆生产企业或者销售企业的，可以向主管税务机关申请退还车辆购置税。退税额以已缴税款为基准，自缴纳税款之日至申请退税之日，每满一年扣减百分之十。

■ 车辆购置税的纳税义务发生时间为纳税人购置应税车辆的当日。纳税人应当自纳税义务发生之日起六十日内申报缴纳车辆购置税。

■ 在中华人民共和国境内转移土地、房屋权属，承受的单位和个人为契税的纳税人，应当依法缴纳契税。转移土地、房屋权属，是指下列行为：（1）土地使用权出让；（2）土地使用权转让，包括出售、赠与、互换，不包括土地承包经营权和土地经营权的转移；（3）房屋买卖、赠与、互换。以作价投资（入股）、偿还债务、划转、奖励等方式转移土地、房屋权属的，应当依法征收契税。

■ 契税税率为百分之三至百分之五。契税的具体适用税率，由省、自治区、直辖市人民政府在契税法规定的税率幅度内提出，报同级人民代表大会常务委员会决定，并报全国人民代表大会常务委员会和国务院备案。

■ 契税的计税依据：（1）土地使用权出让、出售，房屋买卖，为土地、房屋权属转移合同确定的成交价格，包括应交付的货币以及实物、其他经济利益对应的价款；（2）土地使用权互换、房屋互换，为所互换的土地使用权、房屋价格的差额；（3）土地使用权赠与、房屋赠与以及其他没有价格的转移土地、房屋权属行为，为税务机关参照土地使用权出售、房屋买卖的市场价格依法核定的价格。纳税人申报的成交价格、互换价格差额明显偏低且无正当理由的，由税务机关依照《中华人民共和国税收征收管理法》的规定核定。契税的计税依据不包括增值税。

■ 有下列情形之一的，免征契税：（1）国家机关、事业单位、社会团体、军事单位承受土地、房屋权属用于办公、教学、医疗、科研、军事设施；

（2）非营利性的学校、医疗机构、社会福利机构承受土地、房屋权属用于办公、教学、医疗、科研、养老、救助；（3）承受荒山、荒地、荒滩土地使用权用于农、林、牧、渔业生产；（4）婚姻关系存续期间夫妻之间变更土地、房屋权属；（5）法定继承人通过继承承受土地、房屋权属；（6）依照法律规定应当予以免税的外国驻华使馆、领事馆和国际组织驻华代表机构承受土地、房屋权属。

■ 夫妻因离婚分割共同财产发生土地、房屋权属变更的，免征契税。

■ 城镇职工按规定第一次购买公有住房的，免征契税。

■ 纳税人改变有关土地、房屋的用途，或者有其他不再属于规定的免征、减征契税情形的，应当缴纳已经免征、减征的税款。

■ 在依法办理土地、房屋权属登记前，权属转移合同、权属转移合同性质凭证不生效、无效、被撤销或者被解除的，纳税人可以向税务机关申请退还已缴纳的税款，税务机关应当依法办理。

■ 在中华人民共和国境内，依照《中华人民共和国烟草专卖法》的规定收购烟叶的单位为烟叶税的纳税人。烟叶，是指烤烟叶、晾晒烟叶。烟叶税的计税依据为纳税人收购烟叶实际支付的价款总额。烟叶税的税率为20%。烟叶税的应纳税额按照纳税人收购烟叶实际支付的价款总额乘以税率计算。纳税人收购烟叶实际支付的价款总额包括纳税人支付给烟叶生产销售单位和个人的烟叶收购价款和价外补贴。其中，价外补贴统一按烟叶收购价款的10%计算。烟叶税应纳税额的计算公式：应纳税额＝烟叶收购金额×税率。收购金额＝收购价款×（1+10%）。

■ 纳税人应当向烟叶收购地的主管税务机关申报缴纳烟叶税。烟叶税的纳税义务发生时间为纳税人收购烟叶的当日。烟叶税按月计征，纳税人应当于纳税义务发生月终了之日起十五日内申报并缴纳税款。

■ 在中华人民共和国境内缴纳增值税、消费税的单位和个人，为城市维护建设税的纳税人。

■ 城市维护建设税税率如下：（1）纳税人所在地在市区的，税率为百分之七；（2）纳税人所在地在县城、镇的，税率为百分之五；（3）纳税人所在地不在市区、县城或者镇的，税率为百分之一。

■ 城市维护建设税的应纳税额按照计税依据乘以具体适用税率计算。

■ 城市维护建设税的纳税义务发生时间与增值税、消费税的纳税义务发生时间一致，分别与增值税、消费税同时缴纳。

■ 城市维护建设税的扣缴义务人为负有增值税、消费税扣缴义务的单位和个人，在扣缴增值税、消费税的同时扣缴城市维护建设税。

■ 城市维护建设税以纳税人依法实际缴纳的增值税、消费税（简称"两税"）税额为计税依据。依法实际缴纳的两税税额，是指纳税人依照增值税、消费税相关法律法规和税收政策规定计算的应当缴纳的两税税额（不含因进口货物或境外单位和个人向境内销售劳务、服务、无形资产缴纳的两税税额），加上增值税免抵税额，扣除直接减免的两税税额和期末留抵退税退还的增值税税额后的金额。直接减免的两税税额，是指依照增值税、消费税相关法律法规和税收政策规定，直接减征或免征的两税税额，不包括实行先征后返、先征后退、即征即退办法退还的两税税额。

■ 教育费附加和地方教育附加，以单位和个人实际缴纳的增值税、消费税的税额为计征依据，教育费附加率 3%，地方教育附加率 2%。

■ 按月纳税的月销售额不超过 10 万元，以及按季度纳税的季度销售额不超过 30 万元的缴纳义务人免征教育费附加、地方教育附加、水利建设基金。

■ 自 2022 年 9 月 1 日起，按照《国家税务总局 财政部关于延续实施制造业中小微企业延缓缴纳部分税费有关事项的公告》（2022 年第 2 号）已享受延缓缴纳税费 50% 的制造业中型企业和延缓缴纳税费 100% 的制造业小微企业，其已缓缴税费的缓缴期限届满后继续延长 4 个月。延缓缴纳的税费包括所属期为 2021 年 11 月、12 月，2022 年 2 月、3 月、4 月、5 月、6 月（按月缴纳）或者 2021 年第四季度，2022 年第一季度、第二季度（按季缴纳）已按规定缓缴的企业所得税、个人所得税、国内增值税、国内消费税及附征的城市维护建设税、教育费附加、地方教育附加，不包括代扣代缴、代收代缴以及向税务机关申请代开发票时缴纳的税费。

■ 在中华人民共和国境内提供广告服务的广告媒介单位和户外广告经营单位以及提供娱乐服务的单位和个人，应按规定缴纳文化事业建设费。中华人民共和国境外的广告媒介单位和户外广告经营单位在境内提供广告服务，在境内未设有经营机构的，以广告服务接受方为文化事业建设费的扣缴义务人。

■ 缴纳文化事业建设费的单位应按照提供广告服务、娱乐服务取得的计费销售额和3%的费率计算应缴费额，计算公式如下：应缴费额＝计费销售额 ×3%。

■ 广告服务计费销售额，为缴纳义务人提供广告服务取得的全部含税价款和价外费用，减除支付给其他广告公司或广告发布者的含税广告发布费后的余额。娱乐服务计费销售额，为缴纳义务人提供娱乐服务取得的全部含税价款和价外费用。缴纳义务人减除价款的，应当取得增值税专用发票或国家税务总局规定的其他合法有效凭证，否则，不得减除。

■ 文化事业建设费的缴纳义务发生时间和缴纳地点，与缴纳义务人的增值税纳税义务发生时间和纳税地点相同。文化事业建设费的扣缴义务发生时间，为缴纳义务人的增值税纳税义务发生时间。文化事业建设费的扣缴义务人应当向其机构所在地或者居住地主管税务机关申报缴纳其扣缴的文化事业建设费。文化事业建设费的缴纳期限与缴纳义务人的增值税纳税期限相同。

■ 对提供应税服务未达到增值税起征点的单位和个人，免征文化事业建设费。自2019年7月1日至2024年12月31日，对归属中央收入的文化事业建设费，按照缴纳义务人应缴费额的50%减征；对归属地方收入的文化事业建设费，各省（区、市）财政、党委宣传部门可以结合当地经济发展水平、宣传思想文化事业发展等因素，在应缴费额50%的幅度内减征。

■ 自2020年1月1日至2021年12月31日，对缴费义务人免征文化事业建设费。

■ 中华人民共和国境内电器电子产品的生产者，为废弃电器电子产品处理基金缴纳义务人。废弃电器电子产品处理基金缴纳义务人销售或受托加工生产相关电器电子产品，按照从量定额的办法计算应缴纳基金。应缴纳基金的计算公式为：应缴纳基金＝销售数量（受托加工数量）× 征收标准

■ 废弃电器电子产品处理基金按季申报缴纳。基金缴纳义务人应当自季度终了之日起十五日内申报缴纳基金，向主管税务机关报送《废弃电器电子产品处理基金申报表》。

■ 用人单位安排残疾人就业达不到其所在地省、自治区、直辖市人民政府规定比例的，应当缴纳残疾人就业保障金。

■ 残疾人就业保障金年缴纳额＝（上年用人单位在职职工人数 × 所在地省、自治区、直辖市人民政府规定的安排残疾人就业比例 − 上年用人单位实际安排的残疾人就业人数）× 上年用人单位在职职工年平均工资。用人单位在职职工，是指用人单位在编人员或依法与用人单位签订 1 年以上（含 1 年）劳动合同（服务协议）的人员。以劳务派遣用工的，计入派遣单位在职职工人数。

■ 残疾人就业保障金征收标准上限，按照当地社会平均工资 2 倍执行。当地社会平均工资按照所在地城镇非私营单位就业人员平均工资和城镇私营单位就业人员平均工资加权计算。

■ 自 2020 年 1 月 1 日起至 2022 年 12 月 31 日，对残疾人就业保障金实行分档减缴政策。其中：用人单位安排残疾人就业比例达到 1%（含）以上，但未达到所在地省、自治区、直辖市人民政府规定比例的，按规定应缴费额的 50% 缴纳残疾人就业保障金；用人单位安排残疾人就业比例在 1% 以下的，按规定应缴费额的 90% 缴纳残疾人就业保障金。在职职工人数在 30 人（含）以下的企业，暂免征收残疾人就业保障金。

■ 自 2019 年 1 月 1 日起，原由财政部驻地方财政监察专员办事处负责征收的国家重大水利工程建设基金、农网还贷资金、可再生能源发展基金、中央水库移民扶持基金（含大中型水库移民后期扶持基金、三峡水库库区基金、跨省际大中型水库库区基金）、三峡电站水资源费、核电站乏燃料处理处置基金、免税商品特许经营费、油价调控风险准备金、核事故应急准备专项收入，以及国家留成油收入、石油特别收益金，划转至税务部门征收。

■ 自 2020 年起，地方政府及有关部门负责征收的国家重大水利工程建设基金，以及向企事业单位和个体经营者征收的水利建设基金，划转至税务部门征收。

■ 自 2021 年 1 月 1 日起，将水土保持补偿费、地方水库移民扶持基金、排污权出让收入、防空地下室易地建设费划转至税务部门征收。

■ 教育费附加和地方教育附加优惠执行政策风险有：（1）错误选择减免性质未能正确享受减免政策；（2）错误选择纳税人选择类型未能正确享受减免政策；（3）校舍安全工程、产教融合型企业减免政策执行风险；（4）退役士兵、重点群体创业就业减免优惠政策执行风险。应对措施为在

"金税三期"系统查询缴纳义务人增值税、城市维护建设税申报信息，通过数据关联比对分析进行判断排查，同时，强化内、外部宣传和操作辅导，辅导缴纳义务人和税务人员准确落实减免优惠政策。

■ 未按征收范围认定文化事业建设风险的应对：通过"金税三期"系统，提取经营范围包含广告业且认定了文化事业建设费的个体工商户名单；经营范围包含广告业、娱乐业，但又未认定文化事业建设费费种的增值税纳税人名单；经营范围非广告服务及娱乐服务但认定了文化事化建设费费种的缴费人名单，进行疑点数据的排查整改。

■ 未正确区分文化事业建设费免征与应征收入划分不清或故意混淆少缴费风险的应对：通过"金税三期"系统抽取文化事业建设费申报信息和增值税申报表，筛查纳税人类型为一般纳税人，免征收入不为0的数据；免征收入栏超过按月2万元或按季6万元；应征收入超过增值税纳税申报表主表当期销售额的疑点数据，抽查减除项目凭证。强化内、外部政策辅导，辅导缴纳义务人正确进行缴费事项申报。

■ 未按征收范围认定残疾人就业保障金风险的应对：通过"金税三期"系统查询除个体工商户和其他个人之外的税务登记有效户和残疾人就业保障金费种认定户，进行认定未认定的数据排查。

■ 申报不实导致少缴残疾人就业保障金风险的应对：通过年度企业所得税、个人所得税、社会保险费申报明细情况比对。查看企业账册和实地核实等方式，分析核查用人单位在职职工人数和工资情况。

■ 错误填写残疾人就业保障金申报项目错征少征风险的应对：通过"金税三期"系统筛查残疾人就业保障金在职职工年平均工资过高或过低的异常数据、申报的"上年在职职工工资总额""上年在职职工人数"与企业申报企业所得税时填写的工资总额和在职职工人数数据不匹配的名单。

■ 残疾人就业保障金优惠政策执行风险的应对：在"金税三期"系统抽取企业残疾人就业保障金申报表，筛查上年职工平均工资大于当地社会平均工资2倍的申报数据，排查本期费额是否以当地社会平均工资的2倍计算；排查基础登记信息中注册地和经营地行政区划两项基础信息缺失的数据，确保残疾人就业保障金征收上限减免政策准确执行到位。

■ 目前我国的基本养老保险征缴范围包括：企业职工基本养老保险、机关事业单位基本养老保险、城乡居民养老保险。

■ 企业职工基本养老保险由用人单位和职工共同缴纳基本养老保险费。目前企业缴费的比例一般为 16%。职工缴纳基本养老保险费的比例为个人缴费工资的 8%。

■ 目前我国的基本医疗保险征缴范围包括城镇职工基本医疗保险和城乡居民基本医疗保险。

■ 城镇职工基本医疗保险缴费由用人单位和职工共同缴纳。城镇职工基本医疗保险制度建立之初，用人单位缴费比例应控制在职工工资总额的 6% 左右，职工缴费比例一般为本人工资收入的 2%。

■ 失业保险费由用人单位和职工按照国家规定共同缴纳失业保险费。用人单位缴纳失业保险的基数为本单位职工工资总额，个人缴费基数为本人工资额。2015 年以来，国家先后多次阶段性降低失业保险费率。现行失业保险总费率降至 1%，执行到 2023 年 4 月 30 日。

■ 生育保险费由用人单位按照本单位职工工资总额的一定比例缴纳，缴费比例一般不超过 0.5%。

■ 工伤保险缴费实行行业差别费率和浮动费率，保险费由用人单位缴纳，职工个人不缴纳。

■ 用人单位应当自行申报、按时足额缴纳社会保险费，非因不可抗力等法定事由不得缓缴、减免。

■ 用人单位因不可抗力造成生产经营出现严重困难的，经省级人民政府社会保险行政部门批准后，可以暂缓缴纳一定期限的社会保险费，期限一般不超过一年。暂缓缴费期间，免收滞纳金。

■ 用人单位未按时足额缴纳社会保险费的，由社会保险经办机构按照社会保险法第八十六条的规定，责令其限期缴纳或者补足，并自欠缴之日起按日加收 0.5‰ 的滞纳金；逾期仍不缴纳的，由社会保险行政部门处欠缴数额 1 倍以上 3 倍以下的罚款。

■ 用人单位逾期仍未缴纳或者补足社会保险费的，社会保险费征收机构可以向银行和其他金融机构查询其存款账户；并可以申请县级以上有关行政部门作出划拨社会保险费的决定，书面通知其开户银行或者其他金融机构划拨社会保险费。用人单位账户余额少于应当缴纳的社会保险费的，社会保险费征收机构可以要求该用人单位提供担保，签订延期缴费协议。用人单位未足额缴纳社会保险费且未提供担保的，社会保险费征收机构可以申请人民法院扣押、查封、拍卖其价值相当于应当缴纳社会保险费的财产，以拍卖所得抵缴社会保险费。

■ 职工应当缴纳的社会保险费由用人单位代扣代缴。用人单位未依法代扣代缴的，由社会保险费征收机构责令用人单位限期代缴，并自欠缴之日起向用人单位按日加收万分之五的滞纳金。用人单位不得要求职工承担滞纳金。

■ 社会保险费征收机构发现缴费人多缴费款的，应依职权及时退还多缴费款；缴费人自己发现多缴费款的，可以向社会保险费征收机构申请退还多缴费款的。

■ 在对餐饮、零售、旅游、民航、公路水路铁路运输等5个特困行业实施阶段性缓缴三项社保费政策的基础上，以产业链供应链受疫情影响较大、生产经营困难的制造业企业为重点，进一步扩大实施范围。缓缴扩围行业所属困难企业，可申请缓缴三项社保费单位缴费部分，其中养老保险费缓缴实施期限到2022年年底，工伤、失业保险费缓缴期限不超过1年。原明确的5个特困行业缓缴养老保险费期限相应延长至2022年年底。缓缴期间免收滞纳金。

■ 对受疫情影响较大、生产经营困难的中小微企业实施缓缴政策。受疫情影响严重地区生产经营出现暂时困难的所有中小微企业、以单位方式参保的个体工商户，可申请缓缴三项社保费单位缴费部分，缓缴实施期限到2022年年底，期间免收滞纳金。

■ 对中小微企业实施阶段性缓缴职工医保单位缴费政策。统筹基金累计结存可支付月数大于6个月的统筹地区，自2022年7月起，对中小微企业、以单位方式参保的个体工商户缓缴3个月职工医保单位缴费，缓缴期间免收滞纳金。社会团体、基金会、社会服务机构、律师事务所、会计师事务所等社会组织参照执行。

必考点检测训练

一、单项选择

1. 以下表述有误的是（　　）。

　　A. 纳税人中的一般纳税人提供客运场站服务，以其取得的全部价款和价外费用，扣除支付给承运方运费后的余额为增值税销售额

　　B. 纳税人提供旅游服务，可选择以取得的全部价款和价外费用，扣除向旅游服务购买方收取并支付给其他单位或个人的住宿费、餐饮费、交通费、签证费、门票费和支付给其他接团旅游企业的旅游费用后的余额为增值税销售额

　　C. 纳税人提供建筑服务适用简易计税方法的，以取得的全部价款和价外费用扣除支付的分包款后的余额为增值税销售额

　　D. 纳税人销售货物、加工修理修配劳务、服务、无形资产或者不动产适用不同税率或者征收率的，从高适用税率或者征收率

参考答案：D

2. 以下表述有误的是（　　）。

　　A. 自 2017 年 5 月 1 日起，纳税人销售活动板房、机器设备、钢结构件等自产货物的同时提供建筑、安装服务，应分别核算货物和建筑服务的销售额，适用不同的税率或者征收率

　　B. 一般纳税人销售外购机器设备的同时提供安装服务，如果已经按照兼营的有关规定，分别核算机器设备和安装服务的销售额，安装服务可以按照甲供工程选择适用简易计税

　　C. 一般纳税人销售电梯的同时提供安装服务，其安装服务不能按照甲供工程选择适用简易计税方法计税

　　D. 纳税人提供建筑服务适用简易计税方法的，以取得的全部价款和价外费用扣除支付的分包款后的余额为增值税销售额

参考答案：C

3. 2019 年 4 月 1 日起，纳税人购进农产品，进项税额的扣除率为（　　）。购进用于生产或者委托加工 13% 税率货物的农产品，进项税额的扣除率为（　　）。

A. 9%、9%　　　　　　　　　　B. 9%、10%

C. 10%、10%　　　　　　　　　D. 10%、11%

参考答案：B

4. 以下表述有误的是（　　）。

A. 纳税人购进国内旅客运输服务，取得注明旅客身份信息的航空运输电子客票行程单的，计算进项税额的公式为：航空旅客运输进项税额 =（票价 + 燃油附加费）÷（1+9%）× 9%

B. 纳税人购进国内旅客运输服务，取得注明旅客身份信息的铁路车票的，计算进项税额的公式为：铁路旅客运输进项税额 = 票面金额 ÷（1+9%）× 9%

C. 纳税人购进国内旅客运输服务，取得注明旅客身份信息的公路、水路等其他客票的，计算进项税额的公式为：公路、水路等其他旅客运输进项税额 = 票面金额 ÷（1+9%）× 9%

D. 纳税人支付的道路通行费，按照收费公路通行费增值税电子普通发票上注明的增值税税额抵扣进项税额

参考答案：C

5. 2019 年 10 月 1 日至 2022 年 12 月 31 日，允许提供（　　）取得的销售额占全部销售额的比重超过 50% 的纳税人按照当期可抵扣进项税额加计 15%，抵减应纳税额。

A. 邮政服务　　　　　　　　　B. 电信服务

C. 现代服务　　　　　　　　　D. 生活服务

参考答案：D

6. 加大小微企业增值税期末留抵退税政策力度，将先进制造业按月全额退还增值税增量留抵税额政策范围扩大至符合条件的小微企业（含个体工商户，下同），并一次性退还小微企业存量留抵税额。以下不正确的是（　　）。

A. 符合条件的小微企业，可以自 2022 年 4 月纳税申报期起向主管税务机关申请退还增量留抵税额

B. 符合条件的小微企业，可以自 2022 年 5 月纳税申报期起向主管税务机关申请退还增量留抵税额

C. 符合条件的微型企业，可以自 2022 年 4 月纳税申报期起向主管税务机关申请一次性退还存量留抵税额

D. 符合条件的小型企业，可以自 2022 年 5 月纳税申报期起向主管税务机关申请一次性退还存量留抵税额

参考答案：B

7. 加大"制造业"、"科学研究和技术服务业"、"电力、热力、燃气及水生产和供应业"、"软件和信息技术服务业"、"生态保护和环境治理业"和"交通运输、仓储和邮政业"（以下称制造业等行业）增值税期末留抵退税政策力度，将先进制造业按月全额退还增值税增量留抵税额政策范围扩大至符合条件的制造业等行业企业（含个体工商户，下同），并一次性退还制造业等行业企业存量留抵税额。以下说法不正确的是（　）。

A. 符合条件的制造业等行业企业，可以自 2022 年 4 月纳税申报期起向主管税务机关申请退还增量留抵税额

B. 符合条件的制造业等行业中型企业，可以自 2022 年 4 月纳税申报期起向主管税务机关申请一次性退还存量留抵税额

C. 符合条件的制造业等行业中型企业，可以自 2022 年 5 月纳税申报期起向主管税务机关申请一次性退还存量留抵税额

D. 符合条件的制造业等行业大型企业，可以自 2022 年 6 月纳税申报期起向主管税务机关申请一次性退还存量留抵税额

参考答案：B

8. 以下表述不正确的是（　）。

A. 住房租赁企业中的增值税一般纳税人向个人出租住房取得的全部出租收入，可以选择适用简易计税方法，按照 5% 的征收率减按 1.5% 计算缴纳增值税，或适用一般计税方法计算缴纳增值税

B. 住房租赁企业中的增值税小规模纳税人向个人出租住房，按照 5% 的征收率减按 1.5% 计算缴纳增值税

C. 住房租赁企业中的增值税小规模纳税人向个人出租住房，按照 3% 的征收率减按 1.5% 计算缴纳增值税

D. 住房租赁企业向个人出租住房适用上述简易计税方法并进行预缴的，减按 1.5% 预征率预缴增值税

参考答案：C

9. 增值税纳税地点表述不正确的是（　　）。

A. 固定业户应当向其机构所在地的主管税务机关申报纳税。总机构和分支机构不在同一县（市）的，应当分别向各自所在地的主管税务机关申报纳税；经财政部和国家税务总局或者其授权的财政和税务机关批准，可以由总机构汇总向总机构所在地的主管税务机关申报纳税

B. 固定业户到外县（市）销售货物或者劳务，应当向其机构所在地的主管税务机关报告外出经营事项，并向其机构所在地的主管税务机关申报纳税

C. 固定业户到外县（市）销售货物或者劳务，未向其机构所在地的主管税务机关报告的，应当向销售地或者劳务发生地的主管税务机关申报纳税；未向销售地或者劳务发生地的主管税务机关申报纳税的，由销售地或者劳务发生地的主管税务机关补征税款

D. 非固定业户销售货物或者劳务，应当向销售地或者劳务发生地的主管税务机关申报纳税；未向销售地或者劳务发生地的主管税务机关申报纳税的，由其机构所在地或者居住地的主管税务机关补征税款

参考答案：C

10. 每辆不含增值税零售价在 130 万元及以上的乘用车和中轻型商用客车（超豪华小汽车），在生产（进口）环节按现行税率征收消费税基础上，在零售环节加征消费税，税率为（　　）。

A. 5%　　　　B. 10%　　　　C. 15%　　　　D. 20%

参考答案：B

11. 以下消费税的表述不正确的是（　　）。

A. 自产自用应税消费品用于连续生产应税消费品的，不缴纳消费税

B. 自产自用应税消费品用于其他方面的，于移送使用时缴纳消费税

C. 自产自用应税消费品，有同类消费品销售价格的，按照纳税人生

产的同类消费品成本价格计算消费税

  D. 自产自用应税消费品，没有同类消费品销售价格的，按组成计税
价格计算消费税

参考答案：C

12. 委托加工应税消费品受托方扣缴消费税的，应按照（　　）计算纳
税，没有的，按组成计税价格计算纳税。

  A. 委托方的同类消费品成本价格

  B. 受托方的同类消费品成本价格

  C. 委托方的同类消费品销售价格

  D. 受托方的同类消费品销售价格

参考答案：D

13. 以下消费税的表述不正确的是（　　）。

  A. 进口应税消费品，按照组成计税价格计算纳税。实行复合计税办
法的，组成计税价格 =（关税完税价格 + 关税 + 进口数量 × 定
额税率）÷（1− 比例税率）

  B. 零售金银首饰消费税的组成计税价格 = 购进原价 ×（1+ 利润率）
÷（1− 金银首饰消费税税率）。金银首饰利润率为 10%。消费
税税率为 5%

  C. 超豪华小汽车零售环节消费税应纳税额计算公式如下：应纳税额
= 零售环节销售额（不含增值税）× 零售环节税率

  D. 国内汽车生产企业直接销售给消费者的超豪华小汽车，消费税税
率按照生产环节税率和零售环节税率加总计算

参考答案：B

14. 用外购或委托加工收回的已税消费品用于连续生产应税消费品的，
应按当期生产领用数量计算准予扣除外购的应税消费品已纳的消费税。扣除
范围包括（　　）：

（1）外购已税烟丝生产的卷烟

（2）外购已税化妆品生产的高档化妆品

（3）外购已税珠宝玉石生产的贵重首饰及珠宝玉石

（4）外购已税鞭炮焰火生产的鞭炮焰火

（5）外购已税杆头、杆身和握把为原料生产的高尔夫球杆

（6）外购已税木制一次性筷子为原料生产的木制一次性筷子

（7）外购已税实木地板为原料生产的实木地板

（8）外购已税汽油、柴油、石脑油、燃料油、润滑油用于连续生产应税成品油

A．（1）、（2）、（3）、（4）、（5）、（6）、（7）

B．（1）、（3）、（4）、（5）、（6）、（7）、（8）

C．（2）、（3）、（4）、（5）、（6）、（7）、（8）

D．（1）、（2）、（3）、（4）、（5）、（6）、（7）、（8）

参考答案：D

15．以下关于消费税的表述不正确的是（　　）。

A．出口企业出口或视同出口适用增值税退（免）税的货物，免征消费税，如果属于购进出口的货物，退还前一环节对其已征的消费税

B．出口企业出口或视同出口适用增值税免税政策的货物，免征消费税，退还其以前环节已征的消费税，但不允许在内销应税消费品应纳消费税款中抵扣

C．出口企业出口或视同出口适用增值税免税政策的货物，免征消费税，但不退还其以前环节已征的消费税，且不允许在内销应税消费品应纳消费税款中抵扣

D．出口企业出口或视同出口适用增值税征税政策的货物，应缴纳消费税，不退还其以前环节已征的消费税，且不允许在内销应税消费品消费税款中抵扣

参考答案：B

16．以下车辆购置税的表述不正确的是（　　）。

A．车辆购置税应纳税额 = 计税依据 × 税率（10%）

B．纳税人申报的应税车辆计税价格明显偏低，又无正当理由的，由税务机关依照《中华人民共和国税收征收管理法》的规定核定其应纳税额

C．自 2021 年 1 月 1 日至 2022 年 12 月 31 日，对购置的新能源汽车

免征车辆购置税。免征车辆购置税的新能源汽车是指纯电动汽车、插电式混合动力（含增程式）汽车、燃料电池汽车

D. 对购置日期在 2022 年 6 月 1 日至 2022 年 12 月 31 日期间内且单车价格（不含增值税）不超过 30 万元的 2.0 升及以下排量乘用车，免征车辆购置税

参考答案：D

17. 以下车辆购置税的表述不正确的是（　　）。

A. 纳税人购买自用应税车辆的计税价格，为纳税人实际支付给销售者的全部价款，不包括增值税税款

B. 纳税人进口自用应税车辆的计税价格，为关税完税价格加上关税和消费税

C. 纳税人自产自用应税车辆的计税价格，按照纳税人生产的同类应税车辆的组成计税价格确定，不包括增值税税款

D. 纳税人以受赠、获奖或者其他方式取得自用应税车辆的计税价格，按照购置应税车辆时相关凭证载明的价格确定，不包括增值税税款

参考答案：C

18. 以下企业所得税的表述不正确的是（　　）。

A. 企业所得税的居民企业，是指依法在中国境内成立，或者依照外国（地区）法律成立但实际管理机构在中国境内的企业

B. 居民企业应当就其来源于中国境内、境外的所得缴纳企业所得税

C. 非居民企业在中国境内设立机构、场所的，就该机构、场所取得的来源于中国境内、境外的所得缴纳企业所得税

D. 非居民企业在中国境内未设立机构、场所的，或者虽设立机构、场所但取得的所得与其所设机构、场所没有实际联系的，就来源于中国境内的所得缴纳企业所得税

参考答案：C

19. 以下来源于中国境内、境外的所得，确定原则不正确的是（　　）。

A. 销售货物所得，按照交易活动发生地确定

B. 转让财产所得，不动产转让所得按照不动产所在地确定

    C. 转让财产所得，动产转让所得按照交易活动发生地确定

    D. 转让财产所得，权益性投资资产转让所得按照被投资企业所在地确定

参考答案：C

20. 以下来源于中国境内、境外的所得，确定原则不正确的是（　　）。

    A. 提供劳务所得，按照提供劳务的企业或者机构、场所所在地确定

    B. 股息、红利等权益性投资所得，按照分配所得的企业所在地确定

    C. 利息所得、租金所得、特许权使用费所得，按照负担、支付所得的企业或者机构、场所所在地确定，或者按照负担、支付所得的个人的住所地确定

    D. 其他所得，由国务院财政、税务主管部门确定

参考答案：A

21. 以下关于企业所得税的表述不正确的是（　　）。

    A. 应纳税所得额为企业每一纳税年度的收入总额，减除免税收入、各项扣除以及允许弥补的以前年度亏损后的余额

    B. 企业应纳税所得额的计算以权责发生制为原则，属于当期的收入和费用，不论款项是否收付，均作为当期的收入和费用；不属于当期的收入和费用，即使款项已经在当期收付，均不作为当期的收入和费用

    C. 企业以货币形式和非货币形式从各种来源取得的收入，为收入总额

    D. 收入总额包括：（1）销售货物收入；（2）提供劳务收入；（3）转让财产收入；（4）股息、红利等权益性投资收益；（5）利息收入；（6）租金收入；（7）特许权使用费收入；（8）接受捐赠收入；（9）其他收入

参考答案：A

22. 下列企业所得税相关表述不正确的是（　　）。

    A. 企业在境内发生的支出项目属于增值税应税项目，对方为依法无需办理税务登记的单位或者从事小额零星经营业务的个人，其支出以税务机关代开的发票或者收款凭证及内部凭证作为税前扣除

凭证

B. 企业取得私自印制、伪造、变造、作废、开票方非法取得、虚开、填写不规范等不符合规定的发票，以及取得不符合国家法律、法规等相关规定的其他外部凭证，不得作为税前扣除凭证

C. 企业应在当年度企业所得税法规定的汇算清缴期结束前取得税前扣除凭证

D. 汇算清缴期结束后，税务机关发现企业应当取得而未取得发票、其他外部凭证或者取得不合规发票、不合规其他外部凭证并且告知企业的，企业应当自被告知之日起 90 日内补开、换开符合规定的发票、其他外部凭证

参考答案：D

23. 下列企业所得税相关表述不正确的是（　　）。

A. 企业发生的职工福利费支出，不超过工资薪金总额 14% 的部分，准予扣除

B. 企业拨缴的职工工会经费，不超过工资薪金总额 2% 的部分，凭《工会经费收入专用收据》或合法、有效的工会经费代收凭据在企业所得税税前扣除

C. 企业发生的职工教育经费支出，不超过工资薪金总额 8% 的部分，准予扣除；超过部分，不能在以后纳税年度结转扣除

D. 集成电路设计企业、符合条件软件企业和经认定的动漫企业的职工培训费用，应单独进行核算并按实际发生额在计算应纳税所得额时扣除

参考答案：C

24. 下列企业所得税相关表述不正确的是（　　）。

A. 企业在生产经营活动中发生的合理的借款费用，应区分为收益性支出和资本性支出在税前扣除

B. 非金融企业向非金融企业借款的利息支出，不超过按照金融企业同期同类贷款利率计算的数额的部分，准予税前扣除

C. 企业发生的与生产经营活动有关的业务招待费支出，按照发生额的 60% 扣除，但最高不得超过当年销售（营业）收入的 15%

D. 企业参加雇主责任险、公众责任险等责任保险，按照规定缴纳的保险费，准予在企业所得税税前扣除

参考答案：C

25. 下列企业所得税相关表述不正确的是（　　）。

A. 符合条件的广告费宣传费支出，除国务院财政、税务主管部门另有规定外，不超过当年销售（营业）收入 15% 的部分，准予扣除；超过部分，准予在以后纳税年度结转扣除

B. 对化妆品制造或销售、医药制造和饮料制造、酒类制造企业发生的广告费和业务宣传费支出，不超过当年销售（营业）收入 30% 的部分，准予扣除；超过部分，准予在以后纳税年度结转扣除

C. 对签订广告费和业务宣传费分摊协议（以下简称分摊协议）的关联企业，其中一方发生的不超过当年销售（营业）收入税前扣除限额比例内的广告费和业务宣传费支出可以在本企业扣除，也可以将其中的部分或全部按照分摊协议归集至另一方扣除

D. 烟草企业的烟草广告费和业务宣传费支出，一律不得在计算应纳税所得额时扣除

参考答案：B

26. 下列企业所得税相关表述不正确的是（　　）。

A. 企业发生的公益性捐赠支出，在年度利润总额 12% 以内的部分，准予在计算应纳税所得额时扣除

B. 企业发生的公益性捐赠支出，超过年度利润总额 12% 的部分，准予结转以后五年内在计算应纳税所得额时扣除

C. 自 2019 年 1 月 1 日至 2022 年 12 月 31 日，企业通过公益性社会组织或者县级（含县级）以上人民政府及其组成部门和直属机构，用于目标脱贫地区的扶贫捐赠支出，准予在计算企业所得税应纳税所得额时据实扣除

D. 自 2020 年 1 月 1 日至 2021 年 3 月 31 日，企业和个人通过公益性社会组织或者县级以上人民政府及其部门等国家机关，捐赠用于应对新型冠状病毒感染的肺炎疫情的现金和物品，允许在计算应纳税所得额时全额扣除

参考答案：B

27. 企业的各项资产，包括固定资产、生物资产、无形资产、长期待摊费用、投资资产、存货等，以（　　）为计税基础。

    A. 重置成本　　　　　　　　B. 历史成本

    C. 公允价值　　　　　　　　D. 现值

参考答案：B

28. 下列企业所得税相关表述不正确的是（　　）。

    A. 无形资产按照直线法计算的摊销费用，准予扣除

    B. 无形资产的摊销年限不得低于 20 年

    C. 作为投资或受让的无形资产，有关法律规定或合同约定了使用年限的，可按规定或者约定的使用年限分期摊销

    D. 自创商誉不得计算摊销费用扣除

参考答案：B

29. 下列企业所得税相关表述不正确的是（　　）。

    A. 已足额提取折旧的固定资产的改建支出，按照固定资产预计尚可使用年限分期摊销

    B. 租入固定资产的改建支出，按照合同约定的剩余租赁期限分期摊销

    C. 固定资产的大修理支出，按照固定资产尚可使用年限分期摊销

    D. 固定资产的大修理支出，是指同时符合下列条件的支出：修理支出达到取得固定资产时的计税基础 50% 以上；修理后固定资产的使用年限延长 3 年以上

参考答案：D

30. 下列企业所得税相关表述不正确的是（　　）。

    A. 企业对外投资期间，投资资产的成本在计算应纳税所得额时不得扣除

    B. 企业在转让或者处置投资资产时，投资资产的成本，准予扣除

    C. 企业以前年度发生的资产损失未能在当年税前扣除的，属于实际资产损失，准予追补至该项损失发生年度扣除，其追补确认期限一般不得超过三年

    D. 属于法定资产损失，应在申报年度扣除

参考答案：C

31. 下列企业所得税相关表述不正确的是（　　）。

    A. 一般企业纳税年度发生的亏损，准予向以后年度结转，用以后年度的所得弥补，但结转年限最长不得超过五年

    B. 当年具备高新技术企业或科技型中小企业资格（以下统称资格）的企业，其具备资格年度之前 5 个年度发生的尚未弥补完的亏损，准予结转以后年度弥补，最长结转年限由 5 年延长至 10 年

    C. 受疫情影响较大的困难行业企业 2020 年度发生的亏损最长结转年限延长至 8 年

    D. 企业在汇总计算缴纳企业所得税时，其境外营业机构的亏损可以抵减境内营业机构的盈利

参考答案：D

32. 下列企业所得税相关表述不正确的是（　　）。

    A. 企业安置残疾人员的，在按照支付给残疾职工工资据实扣除的基础上，按照支付给残疾职工工资的 50% 加计扣除

    B. 对所有行业企业 2014 年 1 月 1 日后新购进的专门用于研发的仪器、设备，单位价值不超过 100 万元的，允许一次性计入当期成本费用在计算应纳税所得额时扣除，不再分年度计算折旧

    C. 对所有行业企业 2014 年 1 月 1 日后新购进的专门用于研发的仪器、设备，单位价值超过 100 万元的，可缩短折旧年限或采取加速折旧的方法

    D. 2021 年度，企业 10 月份预缴申报第 3 季度（按季预缴）或 9 月份（按月预缴）企业所得税时，可以自主选择就前三季度研发费用享受加计扣除优惠政策。对 10 月份预缴申报期未选择享受优惠的，可以在 2022 年办理 2021 年度企业所得税汇算清缴时统一享受

参考答案：A

33. 下列企业所得税相关表述不正确的是（　　）。

    A. 自 2020 年 1 月 1 日至 2021 年 3 月 31 日，对疫情防控重点保障物资生产企业为扩大产能新购置的相关设备，允许一次性计入当

期成本费用在企业所得税税前扣除

B. 企业在 2018 年 1 月 1 日至 2023 年 12 月 31 日期间新购进的设备、器具，单位价值不超过 500 万元的，允许一次性计入当期成本费用在计算应纳税所得额时扣除，不再分年度计算折旧

C. 自 2021 年 1 月 1 日至 2022 年 12 月 31 日，对小型微利企业年应纳税所得额不超过 100 万元的部分，减按 12.5% 计入应纳税所得额，按 20% 的税率缴纳企业所得税

D. 自 2022 年 1 月 1 日至 2024 年 12 月 31 日，对小型微利企业年应纳税所得额超过 100 万元但不超过 300 万元的部分，减按 50% 计入应纳税所得额，按 20% 的税率缴纳企业所得税

参考答案：D

34. 下列个人所得税专项附加扣除相关表述不正确的是（　　）。

A. 纳税人在中国境内外接受学历（学位）继续教育的支出，在学历（学位）教育期间按照每月 400 元定额扣除

B. 同一学历（学位）继续教育的扣除期限不能超过 48 个月

C. 纳税人接受技能人员职业资格继续教育、专业技术人员职业资格继续教育的支出，在取得相关证书的当年，按照 3600 元定额扣除

D. 个人接受本科及以下学历（学位）继续教育，符合本办法规定扣除条件的，可以选择由其父母扣除，也可以选择由本人扣除

参考答案：A

35. 下列个人所得税专项附加扣除相关表述不正确的是（　　）。

A. 在一个纳税年度内，纳税人发生的与基本医保相关的医药费用支出，扣除医保报销后个人负担（指医保目录范围内的自付部分）累计超过 15000 元的部分，由纳税人在办理年度汇算清缴时，在 80000 元限额内据实扣除

B. 纳税人发生的医药费用支出可以选择由本人或者其配偶扣除

C. 未成年子女发生的医药费用支出可以选择由其父母一方扣除，也可以选择由双方分别扣除 50%，具体扣除方式在一个纳税年度内不能变更

D. 纳税人及其配偶、未成年子女发生的医药费用支出，应按规定分别计算扣除额

参考答案：C

36. 下列个人所得税专项附加扣除相关表述不正确的是（　　）。

　　A. 纳税人赡养一位及以上被赡养人的赡养支出，纳税人为独生子女的，按照每月 2000 元的标准定额扣除

　　B. 纳税人赡养一位及以上被赡养人的赡养支出，纳税人为非独生子女的，由其与兄弟姐妹分摊每月 2000 元的扣除额度，每人分摊的额度不能超过每月 1000 元

　　C. 被赡养人是指年满 60 岁的父母，以及子女均已去世的年满 60 岁的祖父母、外祖父母

　　D. 赡养老人的扣除期间为被赡养人年满 60 周岁的当月至赡养义务终止的当月

参考答案：D

37. 下列公益慈善事业捐赠个人所得税相关表述不正确的是（　　）。

　　A. 除另有规定外，居民个人发生的公益捐赠支出，在综合所得、经营所得中扣除的，扣除限额分别为当年综合所得、当年经营所得应纳税所得额的百分之三十

　　B. 除另有规定外，居民个人发生的公益捐赠支出，在分类所得中扣除的，扣除限额为当月分类所得应纳税所得额的百分之三十

　　C. 居民个人根据各项所得的收入、公益捐赠支出、适用税率等情况，自行决定在综合所得、分类所得、经营所得中扣除的公益捐赠支出的顺序

　　D. 居民个人取得劳务报酬所得、稿酬所得、特许权使用费所得的，预扣预缴时可以在本次应纳税所得额的百分之三十限额内计算扣除

参考答案：D

38. 下列个人所得税相关表述不正确的是（　　）。

　　A. 扣缴义务人向居民个人支付工资、薪金所得时，应当按照累计预扣法计算预扣税款，并按月办理扣缴申报

B. 对上一完整纳税年度内每月均在同一单位预扣预缴工资、薪金所得个人所得税且全年工资、薪金收入不超过 6 万元的居民个人，扣缴义务人在预扣预缴本年度工资、薪金所得个人所得税时，累计减除费用自 1 月份起直接按照全年 6 万元计算扣除

C. 对一个纳税年度内首次取得工资、薪金所得的居民个人，扣缴义务人在预扣预缴个人所得税时，可按照 5000 元 / 月乘以纳税人当年截至本月月份数计算累计减除费用

D. 预扣预缴税款时，劳务报酬所得、稿酬所得、特许权使用费所得每次收入的减除费用按收入的百分之二十计算

参考答案：D

39. 下列个人所得税经营所得相关表述不正确的是（　　）。

A. 纳税人取得经营所得，按年计算个人所得税，由纳税人在月度或季度终了后 15 日内，向经营管理所在地主管税务机关办理预缴纳税申报

B. 在取得所得的次年 3 月 31 日前，向经营管理所在地主管税务机关办理汇算清缴

C. 从两处以上取得经营所得的，在取得所得的次年 3 月 31 日前，选择向其中一处经营管理所在地主管税务机关办理年度汇总申报

D. 取得经营所得的个人，没有综合所得的，计算其每一纳税年度的应纳税所得额时，应当减除费用 6 万元、专项扣除、专项附加扣除以及依法确定的其他扣除。专项附加扣除在办理预缴申报时减除

参考答案：D

40. 下列关于土地增值税表述不正确的是（　　）。

A. 开发土地和新建房及配套设施的费用，是指与房地产开发项目有关的销售费用、管理费用、财务费用

B. 凡能按转让房地产项目计算分摊利息并提供金融机构证明的，允许据实扣除，但最高不能超过取得土地使用权支付的金额和房地产开发成本金额之和的 5%

C. 对于利息支出以外的其他房地产开发费用，按取得土地使用权支

付的金额和房地产开发成本金额之和的 5% 以内计算扣除

    D. 凡不能按转让房地产项目计算分摊利息支出或不能提供金融机构证明的，房地产开发费用按取得土地使用权支付的金额和房地产开发成本金额之的 10% 以内计算扣除

参考答案：B

41. 计算土地增值税税额，可按增值额乘以适用的税率减去扣除项目金额乘以速算扣除系数的简便方法计算，下列具体公式有误的是（　　）。

    A. 增值额未超过扣除项目金额 50%，土地增值税税额 = 增值额 × 30%

    B. 增值额超过扣除项目金额 50%，未超过 100% 的，土地增值税税额 = 增值额 × 40%– 扣除项目金额 × 5%

    C. 增值额超过扣除项目金额 100%，未超过 200% 的，土地增值税税额 = 增值额 × 50%– 扣除项目金额 × 20%

    D. 增值额超过扣除项目金额 200%，土地增值税税额 = 增值额 × 60%– 扣除项目金额 × 35%

参考答案：C

42. 下列关于土地增值税的表述不正确的是（　　）。

    A. 因国家建设需要依法征用、收回的房地产，免征土地增值税。因国家建设需要依法征用、收回的房地产，是指因城市实施规划、国家建设的需要而被政府批准征用的房产或收回的土地使用权

    B. 纳税人建造普通标准住宅出售，增值额未超过扣除项目金额之和 20% 的免征土地增值税

    C. 纳税人建造普通标准住宅出售，增值额超过扣除项目金额之和 20% 的，应就其超过部分增值额按规定计税

    D. 个人销售住房暂免征收土地增值税

参考答案：C

43. 下列关于资源税的表述不正确的是（　　）。

    A. 纳税人开采原油以及在油田范围内运输原油过程中用于加热的原油、天然气，免征资源税

    B. 煤炭开采企业因安全生产需要抽采的煤成（层）气，减半征收资

源税

C. 由省、自治区、直辖市人民政府根据本地区实际情况，以及宏观调控需要确定，对增值税小规模纳税人可以在 50% 的税额幅度内减征资源税

D. 由省、自治区、直辖市人民政府根据本地区实际情况，以及宏观调控需要确定，对小型微利企业可以在 50% 的税额幅度内减征资源税

参考答案：B

44. 下列关于资源税的表述不正确的是（　　）。

A. 从低丰度油气田开采的原油、天然气，减征百分之二十资源税

B. 高含硫天然气、三次采油和从深水油气田开采的原油、天然气，减征百分之三十资源税

C. 稠油、高凝油减征百分之四十资源税

D. 从衰竭期矿山开采的矿产品，减半征收资源税

参考答案：D

45. 下列关于环境保护税的表述不正确的是（　　）。

A. 在环境保护税中，应税大气污染物、水污染物的污染当量数，以该污染物的排放量除以该污染物的污染当量值计算

B. 每一排放口或者没有排放口的应税大气污染物，按照污染当量数从大到小排序，对前三项污染物征收环境保护税

C. 每一排放口的应税水污染物，按照污染当量数从大到小排序，对前三项污染物征收环境保护税

D. 从两个以上排放口排放应税污染物的，对每一排放口排放的应税污染物分别计算征收环境保护税

参考答案：C

46. 下列关于环境保护税的表述不正确的是（　　）。

A. 农业生产（不包括规模化养殖）排放应税污染物的，免征环境保护税

B. 机动车、铁路机车、非道路移动机械、船舶和航空器等流动污染源排放应税污染物的，免征环境保护税

    C. 依法设立的城乡污水集中处理、生活垃圾集中处理场所排放相应应税污染物，不超过国家和地方规定的排放标准的，免征环境保护税

    D. 纳税人综合利用的固体废物，符合国家和地方环境保护标准的，减按百分之五十征收环境保护税

参考答案：D

47. 以下关于证券交易印花税的表述有误的是（　　）。

    A. 证券交易印花税对证券交易的出让方征收，不对受让方征收

    B. 证券交易无转让价格的，按照办理过户登记手续时该证券前一个交易日收盘价计算确定计税依据；无收盘价的，按照证券面值计算确定计税依据

    C. 证券登记结算机构为证券交易印花税的扣缴义务人，应当向其机构所在地的主管税务机关申报解缴税款以及银行结算的利息

    D. 证券交易印花税按周解缴，证券交易印花税扣缴义务人应当自每周终了之日起三日内申报解缴税款以及银行结算的利息

参考答案：D

48. 下列关于印花税计税依据的表述有误的是（　　）。

    A. 应税合同的计税依据，为合同所列的金额，不包括列明的增值税税款

    B. 应税产权转移书据的计税依据，为产权转移书据所列的金额，不包括列明的增值税税款

    C. 应税营业账簿的计税依据，为账簿记载的实收资本（股本）、资本公积、盈余公积合计金额

    D. 证券交易的计税依据，为成交金额

参考答案：C

49. 下列关于房产税的表述有误的是（　　）。

    A. 房产税由产权所有人缴纳

    B. 产权属于全民所有的，不缴纳房产税

    C. 产权出典的，由承典人缴纳

    D. 产权所有人、承典人不在房产所在地的，或者产权未确定及租典

纠纷未解决的，由房产代管人或者使用人缴纳

参考答案：B

50. 下列关于房产税的表述有误的是（　　）。

A. 从价计征房产税的，房产税依照房产原值一次减除 20% ~ 30% 后的余值计算缴纳

B. 对依照房产原值计税的房产，不论是否记载在会计账簿固定资产科目中，均应按照房屋原价计算缴纳房产税

C. 按房产余值计税的房产，无论会计上如何核算，房产原值均应包含地价，包括为取得土地使用权支付的价款、开发土地发生的成本费用等

D. 凡以房屋为载体，不可随意移动的附属设备和配套设施，无论在会计核算中是否单独记账与核算，都应计入房产原值，计征房产税

参考答案：A

51. 下列关于房产税的表述有误的是（　　）。

A. 纳税人将原有房产用于生产经营，从生产经营之次月起缴纳房产税

B. 纳税人自行新建房屋用于生产经营，从建成之次月起缴纳房产税

C. 纳税人委托施工企业建设的房屋，从办理验收手续之次月起缴纳房产税

D. 纳税人购置新建商品房，自房屋交付使用之次月起缴纳房产税

参考答案：A

52. 下列关于城镇土地使用税的表述有误的是（　　）。

A. 对单独建造的地下建筑用地，按应征税款的 50% 征收城镇土地使用税

B. 经批准开山填海整治的土地和改造的废弃土地，从使用的月份起免缴土地使用税

C. 企业的铁路专用线、公路等用地，在厂区以外与社会公用地段未加隔离的，暂免征收城镇土地使用税

D. 在厂区以外的公共绿化用地和向社会开放的公园用地，暂免征收城镇土地使用税

参考答案：B

53. 下列关于耕地占用税的表述有误的是（　　）。

　　A. 占用耕地建设农田水利设施的，不缴纳耕地占用税

　　B. 占用园地、林地、草地、农田水利用地、养殖水面、渔业水域滩涂以及其他农用地建设建筑物、构筑物或者从事非农业建设的，依法缴纳耕地占用税

　　C. 纳税人因建设项目施工或者地质勘查临时占用耕地，不缴纳耕地占用税

　　D. 纳税人在批准临时占用耕地期满之日起一年内依法复垦，恢复种植条件的，全额退还已经缴纳的耕地占用税

参考答案：C

54. 下列关于耕地占用税的表述有误的是（　　）。

　　A. 耕地占用税以纳税人实际占用的耕地面积为计税依据，按照规定的适用税额一次性征收，应纳税额为纳税人实际占用的耕地面积（平方米）乘以适用税额

　　B. 占用基本农田的，按确定的当地适用税额加按150%征收

　　C. 免征或者减征耕地占用税后，纳税人改变原占地用途，不再属于免征或者减征耕地占用税情形的，应当按照当地适用税额补缴耕地占用税

　　D. 耕地占用税的纳税义务发生时间为纳税人收到自然资源主管部门办理占用耕地手续的书面通知的当日。纳税人应当自纳税义务发生之日起十五日内申报缴纳耕地占用税

参考答案：D

55. 以下车船税的计税单位有误的是（　　）。

　　A. 乘用车、商用车、摩托车以"每辆"为计税单位

　　B. 货车、挂车、其他车辆以"整备质量每吨"为计税单位

　　C. 机动船舶以"净吨位每吨"为计税单位

　　D. 游艇以"艇身长度每米"为计税单位

参考答案：A

56. 下列关于车辆购置税的表述有误的是（　　）。

　　A. 在中华人民共和国境内购置汽车、有轨电车、汽车挂车、排气

量超过一百五十毫升的摩托车（以下统称应税车辆）的单位和个人，为车辆购置税的纳税人

B. 购置，是指以购买、进口、自产、受赠、获奖或者其他方式取得并自用应税车辆的行为

C. 地铁、轻轨等城市轨道交通车辆，装载机、平地机、挖掘机、推土机等轮式专用机械车，以及起重机（吊车）、叉车、电动摩托车，不属于应税车辆

D. 车辆购置税的纳税义务发生时间为纳税人购置应税车辆的当日。纳税人应当自纳税义务发生之日起三十日内申报缴纳车辆购置税

参考答案：D

57. 下列关于车辆购置税应税车辆计税价格的表述有误的是（　　）。

A. 纳税人购买自用应税车辆的计税价格，为纳税人实际支付给销售者的全部价款，不包括增值税税款

B. 纳税人进口自用应税车辆的计税价格，为关税完税价格加上关税和消费税

C. 纳税人自产自用应税车辆的计税价格，按照纳税人生产应税车辆的成本采用成本加成法确定，不包括增值税税款

D. 纳税人以受赠、获奖或者其他方式取得自用应税车辆的计税价格，按照购置应税车辆时相关凭证载明的价格确定，不包括增值税税款

参考答案：C

58. 下列关于车辆购置税的表述有误的是（　　）。

A. 城市公交企业购置的公共汽电车辆免征车辆购置税

B. 免税、减税车辆因转让、改变用途等原因不再属于免税、减税范围的，纳税人应当在办理车辆转移登记或者变更登记前缴纳车辆购置税。计税价格以免税、减税车辆初次办理纳税申报时确定的计税价格为基准，每满一年扣减百分之二十

C. 自2021年1月1日至2022年12月31日，对购置的新能源汽车免征车辆购置税

D. 免征车辆购置税的新能源汽车是指纯电动汽车、插电式混合动力

（含增程式）汽车、燃料电池汽车

参考答案：B

50. 下列关于契税的表述有误的是（　　）。

　　A. 契税税率为百分之三至百分之五

　　B. 契税的具体适用税率，由省、自治区、直辖市人民政府在契税法规定的税率幅度内提出，报同级人民代表大会常务委员会决定，并报全国人民代表大会常务委员会和国务院备案

　　C. 纳税人改变有关土地、房屋的用途，或者有其他不再属于规定的免征、减征契税情形的，应当缴纳已经免征、减征的税款

　　D. 在依法办理土地、房屋权属登记前，权属转移合同、权属转移合同性质凭证不生效、无效、被撤销或者被解除的，纳税人已缴纳的契税税款不予退还

参考答案：D

60. 下列关于烟叶税的表述有误的是（　　）。

　　A. 烟叶，是指烤烟叶、晾晒烟叶

　　B. 烟叶税的税率为百分之十

　　C. 烟叶税的应纳税额按照纳税人收购烟叶实际支付的价款总额乘以税率计算

　　D. 烟纳税人收购烟叶实际支付的价款总额包括纳税人支付给烟叶生产销售单位和个人的烟叶收购价款和价外补贴。其中，价外补贴统一按烟叶收购价款的10%计算

参考答案：B

61. 下列关于城市维护建设税计税依据的表述有误的是（　　）。

　　A. 依法实际缴纳的两税税额，是指纳税人依照增值税、消费税相关法律法规和税收政策规定计算的应当缴纳的两税税额，加上增值税免抵税额，扣除直接减免的两税税额和期末留抵退税退还的增值税税额后的金额

　　B. 不含因进口货物或境外单位和个人向境内销售劳务、服务、无形资产缴纳的两税税额

　　C. 扣除的直接减免的两税税额，是指依照增值税、消费税相关法律

法规和税收政策规定，直接减征或免征的两税税额

D. 扣除的直接减免的两税税额，包括实行先征后返、先征后退、即征即退办法退还的两税税额

参考答案：D

62. 下列表述不正确的是（ ）。

A. 教育费附加和地方教育附加，以单位和个人实际缴纳的增值税、消费税的税额为计征依据，教育费附加率2%，地方教育附加率1%

B. 按月纳税的月销售额不超过10万元，以及按季度纳税的季度销售额不超过30万元的缴纳义务人免征教育费附加、地方教育附加、水利建设基金

C. 在中华人民共和国境内提供广告服务的广告媒介单位和户外广告经营单位以及提供娱乐服务的单位和个人，应按规定缴纳文化事业建设费

D. 中华人民共和国境外的广告媒介单位和户外广告经营单位在境内提供广告服务，在境内未设有经营机构的，以广告服务接受方为文化事业建设费的扣缴义务人

参考答案：A

63. 下列关于文化事业建设费表述不正确的是（ ）。

A. 缴纳文化事业建设费的单位应按照提供广告服务、娱乐服务取得的计费销售额和3%的费率计算应缴费额

B. 广告服务计费销售额，为缴纳义务人提供广告服务取得的全部含税价款和价外费用，不得减除支付给其他广告公司或广告发布者的含税广告发布费

C. 娱乐服务计费销售额，为缴纳义务人提供娱乐服务取得的全部含税价款和价外费用

D. 缴纳义务人减除价款的，应当取得增值税专用发票或国家税务总局规定的其他合法有效凭证，否则，不得减除

参考答案：B

64. 下列关于文化事业建设费表述不正确的是（　　）。

A. 对提供应税服务未达到增值税起征点的单位和个人，免征文化事业建设费

B. 自 2019 年 7 月 1 日至 2024 年 12 月 31 日，对归属中央收入的文化事业建设费，按照缴纳义务人应缴费额的 50% 减征

C. 自 2019 年 7 月 1 日至 2024 年 12 月 31 日，对归属地方收入的文化事业建设费，各省（区、市）财政、党委宣传部门可以结合当地经济发展水平、宣传思想文化事业发展等因素，在应缴费额 50% 的幅度内减征

D. 自 2020 年 1 月 1 日至 2021 年 12 月 31 日，对缴费义务人减半征收文化事业建设费

参考答案：D

65. 下列关于残疾人就业保障金表述不正确的是（　　）。

A. 用人单位安排残疾人就业达不到其所在地省、自治区、直辖市人民政府规定比例的，应当缴纳残疾人就业保障金

B. 残疾人就业保障金年缴纳额 =（上年用人单位在职职工人数 × 所在地省、自治区、直辖市人民政府规定的安排残疾人就业比例 − 上年用人单位实际安排的残疾人就业人数）× 上年用人单位在职职工年平均工资

C. 用人单位在职职工，是指用人单位在编人员或依法与用人单位签订 1 年以上（含 1 年）劳动合同（服务协议）的人员

D. 以劳务派遣用工的，计入用人单位在职职工人数

参考答案：D

66. 下列关于残疾人就业保障金表述不正确的是（　　）。

A. 残疾人就业保障金征收标准上限，按照当地社会平均工资 2 倍执行。当地社会平均工资按照所在地城镇非私营单位就业人员平均工资和城镇私营单位就业人员平均工资加权计算

B. 自 2020 年 1 月 1 日起至 2022 年 12 月 31 日，对残疾人就业保障金实行分档减缴政策。其中：用人单位安排残疾人就业比例达到 1%（含）以上，但未达到所在地省、自治区、直辖市人民政府

规定比例的，按规定应缴费额的 50% 缴纳残疾人就业保障金

C. 自 2020 年 1 月 1 日起至 2022 年 12 月 31 日，对残疾人就业保障金实行分档减缴政策。用人单位安排残疾人就业比例在 1% 以下的，按规定应缴费额的 70% 缴纳残疾人就业保障金

D. 自 2020 年 1 月 1 日起至 2022 年 12 月 31 日，在职职工人数在 30人（含）以下的企业，暂免征收残疾人就业保障金

参考答案：C

67. 企业职工基本养老保险由用人单位和职工共同缴纳基本养老保险费。目前企业缴费的比例一般为（　　）。职工缴纳基本养老保险费的比例为个人缴费工资的（　　）。

　　A. 24%、12%　　　　　　　　B. 20%、12%

　　C. 16%、12%　　　　　　　　D. 16%、8%

参考答案：D

68. 下列表述有误的是（　　）。

A. 失业保险费由用人单位和职工按照国家规定共同缴纳失业保险费

B. 用人单位缴纳失业保险的基数为本单位职工工资总额

C. 个人缴费基数为本人工资额

D. 现行失业保险总费率降至 0.5%，执行到 2023 年 4 月 30 日

参考答案：D

69. 下列表述有误的是（　　）。

A. 生育保险费由用人单位按照本单位职工工资总额的一定比例缴纳，缴费比例一般不超过 0.5%

B. 工伤保险缴费实行行业差别费率和浮动费率，保险费由职工个人缴纳

C. 用人单位应当自行申报、按时足额缴纳社会保险费，非因不可抗力等法定事由不得缓缴、减免

D. 职工应当缴纳的社会保险费由用人单位代扣代缴

参考答案：B

70. 用人单位因不可抗力造成生产经营出现严重困难的，经省级人民政府社会保险行政部门批准后，可以暂缓缴纳一定期限的社会保险费，期限一般不超过（　　）。

A. 三个月
B. 六个月
C. 一年
D. 两年

参考答案：C

二、多选

1. 自 2019 年 4 月 1 日起，试行增值税期末留抵税额退税制度。同时符合以下条件的纳税人，可以向主管税务机关申请退还增量留抵税额：（　　）。

A. 自 2019 年 4 月税款所属期起，连续六个月（按季纳税的，连续两个季度）增量留抵税额均大于零，且第六个月增量留抵税额不低于 50 万元

B. 纳税信用等级为 A 级或者 B 级

C. 申请退税前 36 个月未发生骗取留抵退税、出口退税或虚开增值税专用发票情形的

D. 申请退税前 36 个月未因偷税被税务机关处罚两次及以上的

E. 自 2019 年 4 月 1 日起未享受即征即退、先征后返（退）政策的

参考答案：ABCDE

2. 自 2019 年 4 月 1 日起，试行增值税期末留抵税额退税制度。符合条件的纳税人当期允许退还的增量留抵税额 = 增量留抵税额 × 进项构成比例 ×60%。进项构成比例为 2019 年 4 月至申请退税前一税款所属期内已抵扣（　　）的注明的增值税额占同期全部已抵扣进项税额的比重。

A. 增值税专用发票（含税控机动车销售统一发票）

B. 增值税普通发票

C. 海关进口增值税专用缴款书

D. 解缴税款完税凭证

参考答案：ACD

3. 自 2021 年 4 月 1 日起，同时符合以下条件的先进制造业纳税人，可以自 2021 年 5 月及以后纳税申报期向主管税务机关申请退还增量留抵税额：（　　）。

  A. 增量留抵税额大于零

  B. 纳税信用等级为 A 级或者 B 级

  C. 申请退税前 36 个月未发生骗取留抵退税、出口退税或虚开增值税专用发票情形

  D. 申请退税前 36 个月未因偷税被税务机关处罚两次及以上

  E. 自 2019 年 4 月 1 日起未享受即征即退、先征后返（退）政策

参考答案：ABCDE

4. 加大制造业等行业增值税期末留抵退税政策力度，将先进制造业按月全额退还增值税增量留抵税额政策范围扩大至符合条件的制造业等行业企业（含个体工商户，下同），并一次性退还制造业等行业企业存量留抵税额。制造业等行业除"制造业"外还包括（　　）。

  A. "科学研究和技术服务业"

  B. "电力、热力、燃气及水生产和供应业"

  C. "软件和信息技术服务业"

  D. "生态保护和环境治理业"

  E. "交通运输、仓储和邮政业"

参考答案：ABCDE

5. 适用《财政部　税务总局关于进一步加大增值税期末留抵退税政策实施力度的公告》（财政部　税务总局公告 2022 年第 14 号）政策的纳税人需同时符合以下条件：（　　）。

  A. 纳税信用等级为 A 级或者 B 级。

  B. 申请退税前 36 个月未发生骗取留抵退税、骗取出口退税或虚开增值税专用发票情形。

  C. 申请退税前 36 个月未因偷税被税务机关处罚两次及以上。

  D. 2019 年 4 月 1 日起未享受即征即退、先征后返（退）政策。

参考答案：ABCD

6. 《财政部　税务总局关于进一步加大增值税期末留抵退税政策实施力度的公告》（财政部　税务总局公告 2022 年第 14 号）所称增量留抵税额，以下表述正确的有（　　）。

    A. 纳税人获得一次性存量留抵退税前，增量留抵税额为当期期末留抵税额与 2019 年 3 月 31 日相比新增加的留抵税额

    B. 纳税人获得一次性存量留抵退税前，增量留抵税额为当期期末留抵税

    C. 纳税人获得一次性存量留抵退税后，增量留抵税额为当期期末留抵税额与 2019 年 3 月 31 日相比新增加的留抵税额

    D. 纳税人获得一次性存量留抵退税后，增量留抵税额为当期期末留抵税额

参考答案：AD

7. 《财政部　税务总局关于进一步加大增值税期末留抵退税政策实施力度的公告》（财政部　税务总局公告 2022 年第 14 号）所称存量留抵税额，以下表述正确的有（　　）。

    A. 纳税人获得一次性存量留抵退税前，当期期末留抵税额大于或等于 2019 年 3 月 31 日期末留抵税额的，存量留抵税额为 2019 年 3 月 31 日期末留抵税额

    B. 当期期末留抵税额小于 2019 年 3 月 31 日期末留抵税额的，存量留抵税额为当期期末留抵税额

    C. 纳税人获得一次性存量留抵退税后，存量留抵税额为当期期末留抵税额

    D. 纳税人获得一次性存量留抵退税后，存量留抵税额为零

参考答案：ABD

8. 适用《财政部　税务总局关于进一步加大增值税期末留抵退税政策实施力度的公告》（财政部　税务总局公告 2022 年第 14 号）政策的纳税人，按照以下公式计算允许退还的留抵税额：允许退还的增量留抵税额 = 增量留抵税额 × 进项构成比例 ×100%；允许退还的存量留抵税额 = 存量留抵税额 × 进项构成比例 ×100%。其中进项构成比例，为 2019 年 4 月至申请退税前一税款所属期已抵扣的（　　）注明的增值税额占同期全部已抵扣进

项税额的比重。

A. 增值税专用发票（含带有"增值税专用发票"字样全面数字化的电子发票、税控机动车销售统一发票）

B. 收费公路通行费增值税电子普通发票

C. 海关进口增值税专用缴款书

D. 解缴税款完税凭证

参考答案：ABCD

9. 扩大全额退还增值税留抵税额政策行业范围，以下表述正确的有（　　）。

A. 符合条件的批发零售业等行业企业，可以自2022年6月纳税申报期起向主管税务机关申请退还增量留抵税额

B. 符合条件的批发零售业等行业企业，可以自2022年7月纳税申报期起向主管税务机关申请退还增量留抵税额

C. 符合条件的批发零售业等行业企业，可以自2022年7月纳税申报期起向主管税务机关申请一次性退还存量留抵税额

D. 符合条件的批发零售业等行业企业，可以自2022年8月纳税申报期起向主管税务机关申请一次性退还存量留抵税额

参考答案：BC

10. 以下政策表述正确的有（　　）。

A. 自2020年1月1日至2021年3月31日，纳税人提供公共交通运输服务、生活服务及居民必需生活物资快递收派服务收入免征增值税

B. 自2020年1月1日至2021年3月31日，对纳税人运输疫情防控重点保障物资取得的收入免征增值税

C. 自2020年1月1日至2021年3月31日，无偿捐赠应对疫情的货物免征增值税、消费税、城市维护建设税、教育费附加、地方教育附加

D. 自2022年1月1日至2022年12月31日，对纳税人提供公共交通运输服务取得的收入，免征增值税

参考答案：ABCD

11. 出口货物劳务及跨境应税行为适用的增值税处理方法包括（　　）。适用退（免）税的，实行增值税免抵退税或免退税办法。

    A. 退（免）税   B. 减税

    C. 免税   D. 征税

参考答案：ACD

12. 增值税纳税义务、扣缴义务发生时间正确的有（　　）。

    A. 纳税人发生应税行为并收讫销售款项或者取得索取销售款项凭据的当天；先开具发票的，为开具发票的当天

    B. 纳税人提供租赁服务采取预收款方式的，其纳税义务发生时间为收到预收款的当天

    C. 纳税人从事金融商品转让的，为金融商品所有权转移的当天

    D. 增值税扣缴义务发生时间为纳税人增值税纳税义务发生的当天

参考答案：ABCD

13. 按照现行政策，以下关于纳税期限的表述正确的有（　　）。

    A. 小规模纳税人应按季度申报缴纳增值税

    B. 按固定期限纳税的小规模纳税人可以选择以一个月或一个季度为纳税期限，一经选择，一个会计年度内不得变更

    C. 银行、财务公司、信托投资公司、信用社，以及财政部和国家税务总局规定的其他纳税人按月申报缴纳增值税

    D. 银行、财务公司、信托投资公司、信用社，以及财政部和国家税务总局规定的其他纳税人按季度申报缴纳增值税

参考答案：BD

14. 以下关于专票电子化的表述正确的有（　　）。

    A. 自 2020 年 12 月 21 日起，在天津、河北、上海、江苏、浙江、安徽、广东、重庆、四川、宁波和深圳等 11 个地区的新办纳税人中实行专票电子化，受票方范围为全国

    B. 自 2021 年 1 月 21 日起，在北京、山西、内蒙古、辽宁、吉林、黑龙江、福建、江西、山东、河南、湖北、湖南、广西、海南、贵州、云南、西藏、陕西、甘肃、青海、宁夏、新疆、大连、厦门和青岛等 25 个地区的新办纳税人中实行专票电子化，受票方

范围为全国

C. 自各地专票电子化实行之日起，本地区需要开具增值税纸质普通发票、增值税电子普通发票、纸质专票、电子专票、纸质机动车销售统一发票和纸质二手车销售统一发票的新办纳税人，统一领取税务 UKey 开具发票

D. 税务机关按照电子专票和纸质专票的合计数，为纳税人核定增值税专用发票领用数量

E. 电子专票和纸质专票的增值税专用发票（增值税税控系统）最高开票限额可以不同

参考答案：ABCD

15. 自 2021 年 8 月 1 日起，增值税、消费税分别与城市维护建设税、教育费附加、地方教育附加申报表整合，启用（　　）。

A.《增值税及附加税费申报表（一般纳税人适用）》及其附列资料

B.《增值税及附加税费申报表（小规模纳税人适用）》及其附列资料

C.《增值税及附加税费预缴表》及其附列资料

D.《消费税及附加税费申报表》

参考答案：ABCD

16. 消费税的纳税环节包括（　　）。

A. 生产环节　　　　　　　　B. 委托加工环节

C. 进口环节　　　　　　　　D. 批发环节

E. 零售环节

参考答案：ABCDE

17. 在零售环节征收应税消费品为（　　）。

A. 金银首饰　　　　　　　　B. 钻石及钻石饰品

C. 铂金首饰　　　　　　　　D. 超豪华小汽车

参考答案：ABCD

18. 卷烟在（　　）征收消费税。

A. 生产环节　　　　　　　　B. 进口环节

C. 批发环节　　　　　　　　D. 零售环节

参考答案：AC

19. 以下消费税的表述正确的有（　　）。

 A. 关于委托加工应税消费品受托方扣缴消费税的，应按照受托方的同类消费品销售价格计算纳税，没有的，按组成计税价格计算纳税

 B. 委托加工的应税消费品受托方已缴代扣代缴消费税的，委托方收回后以不高于受托方的计税价格出售的，不再缴纳消费税

 C. 委托加工的应税消费品受托方已缴代扣代缴消费税的，委托方收回后以高于受托方的计税价格出售的，需申报缴纳消费税，在计税时准予扣除受托方已代收代缴的消费税

 D. 委托加工的应税消费品受托方已缴代扣代缴消费税的，委托方收回后以高于受托方的计税价格出售的，需申报缴纳消费税，在计税时不能扣除受托方已代收代缴的消费税

参考答案：ABC

20. 免征车辆购置税的有（　　）。

 A. 依照法律规定应当予以免税的外国驻华使馆、领事馆和国际组织驻华机构及其有关人员自用的车辆

 B. 中国人民解放军和中国人民武装警察部队列入装备订货计划的车辆

 C. 悬挂应急救援专用号牌的国家综合性消防救援车辆

 D. 设有固定装置的非运输专用作业车辆

 E. 城市公交企业购置的公共汽电车辆

参考答案：ABCDE

21. 收入总额中的下列收入为不征税收入（　　）。

 A. 财政拨款

 B. 依法收取并纳入财政管理的行政事业性收费、政府性基金

 C. 符合条件的非营利组织的收入

 D. 国务院规定的其他不征税收入

参考答案：ABD

22. 企业销售商品同时满足下列条件的，应确认收入的实现（　　）。

 A. 商品销售合同已经签订，企业已将商品所有权相关的主要风险和

报酬转移给购货方

B. 企业对已售出的商品既没有保留通常与所有权相联系的继续管理权，也没有实施有效控制

C. 收入的金额能够可靠地计量

D. 已发生或将发生的销售方的成本能够可靠地核算

参考答案：ABCD

23. 下列企业所得税相关表述正确的有（ ）。

A. 非居民企业在中国境内未设立机构、场所的，或者虽设立机构、场所但取得的所得与其所设机构、场所没有实际联系的，取得来源于中国境内的所得，减按 10% 的税率征收企业所得税

B. 非居民企业在中国境内未设立机构、场所的，或者虽设立机构、场所但取得的所得与其所设机构、场所没有实际联系的，取得来源于中国境内的所得，实行源泉扣缴，以支付人为扣缴义务人

C. 对非居民企业在中国境内取得工程作业和劳务所得应缴纳的所得税，税务机关可以指定工程价款或者劳务费的支付人为扣缴义务人

D. 仅就来源于中国境内所得缴纳企业所得税的非居民企业取得境内股息、红利等权益性投资收益和利息、租金、特许权使用费所得，以收入全额为应纳税所得额

参考答案：ABCD

24. 下列企业所得税相关表述正确的有（ ）。

A. 企业实际发生的与取得收入有关的、合理的支出，准予在计算应纳税所得额时扣除。这些支出包括成本、费用、税金、损失和其他支出

B. 税前扣除凭证按照来源的不同可以分为内部凭证和外部凭证

C. 主要的外部凭证是发票（包括纸质发票和电子发票），外部凭证还包括财政票据、完税凭证、收款凭证、分割单等

D. 企业从境外购进货物或者劳务发生的支出，以对方开具的发票或者具有发票性质的收款凭证、相关税费缴纳凭证作为税前扣除凭证

参考答案：ABCD

25. 以下支出不得税前扣除的有（   ）。

A. 向投资者支付的股息、红利

B. 企业所得税税款

C. 税收滞纳金

D. 罚金、罚款和被没收财物的损失

E. 赞助支出

参考答案：ABCDE

26. 下列固定资产不得计算折旧扣除的有（   ）。

A. 房屋、建筑物以外未投入使用的固定资产

B. 以经营租赁方式租入的固定资产

C. 以融资租赁方式租出的固定资产

D. 已足额提取折旧仍继续使用的固定资产

E. 单独估价作为固定资产入账的土地

参考答案：ABCDE

27. 下列企业所得税相关表述正确的有（   ）。

A. 查账征收企业所得税的居民企业，应缴纳所得税额的基本计算公式为：应纳税额＝应纳税所得额 × 适用税率 – 减免税额 – 抵免税额

B. 一个纳税年度内，居民企业技术转让所得不超过 500 万元的部分，免征企业所得税；超过 500 万元的部分，减半征收企业所得税

C. 制造业企业开展研发活动中实际发生的研发费用，未形成无形资产计入当期损益的，在按规定据实扣除的基础上，自 2021 年 1 月 1 日起，再按照实际发生额的 100% 在税前加计扣除

D. 制造业企业开展研发活动中实际发生的研发费用，形成无形资产的，自 2021 年 1 月 1 日起，按照无形资产成本的 200% 在税前摊销

参考答案：ABCD

28. 享受小型微利企业优惠的企业必须同时满足的条件有：（   ）。

A. 从事国家非限制和禁止行业

B. 从业人数不超过 300 人

C. 资产总额不超过 5000 万元

D. 年度应纳税所得额不超过 300 万元

参考答案：ABCD

29. 下列企业所得税相关表述正确的有（   ）。

A. 国家鼓励的集成电路线宽小于 28 纳米（含），且经营期在 15年以上的集成电路生产企业或项目，第一年至第十年免征企业所得税

B. 国家鼓励的集成电路线宽小于 65 纳米（含），且经营期在 15 年以上的集成电路生产企业或项目，第一年至第五年免征企业所得税，第六年至第十年按照 25% 的法定税率减半征收企业所得税

C. 国家鼓励的集成电路线宽小于 130 纳米（含），且经营期在 10 年以上的集成电路生产企业或项目，第一年至第二年免征企业所得税，第三年至第五年按照 25% 的法定税率减半征收企业所得税

D. 对于按照集成电路生产企业享受税收优惠政策的，优惠期自获利年度起计算

E. 对于按照集成电路生产项目享受税收优惠政策的，优惠期自项目获利年度起计算，集成电路生产项目需单独进行会计核算、计算所得，并合理分摊期间费用

参考答案：ABCD

30. 总机构和具有主体生产经营职能的二级分支机构，就地分摊缴纳企业所得税。哪些二级分支机构不就地分摊缴纳企业所得税（   ）。

A. 不具有主体生产经营职能，且在当地不缴纳增值税、营业税的产品售后服务、内部研发、仓储等汇总纳税企业内部辅助性的二级分支机构

B. 上年度认定为小型微利企业的二级分支机构

C. 新设立的二级分支机构

D. 当年撤销的二级分支机构

E. 汇总纳税企业在中国境外设立的不具有法人资格的二级分支机构

参考答案：ABCDE

31. 债务重组、资产收购、股权收购、企业合并和分立同时符合哪些条件的,适用特殊性税务处理(   )

    A. 具有合理的商业目的,且不以减少、免除或者推迟缴纳税款为主要目的

    B. 被收购、合并或分立部分的资产或股权比例符合规定的比例

    C. 企业重组后的连续 12 个月内不改变重组资产原来的实质性经营活动

    D. 重组交易对价中涉及股权支付金额符合规定比例

    E. 企业重组中取得股权支付的原主要股东,在重组后连续 12 个月内,不得转让所取得的股权

参考答案:ABCDE

32. 下列企业所得税相关表述正确的有(   )。

    A. 企业应将整个清算期作为一个独立的纳税年度计算清算所得

    B. 清算期是指企业实际生产经营终止之日至办理完毕清算事务之日止的期间

    C. 企业的全部资产可变现价值或交易价格,减除资产的计税基础、清算费用、相关税费,加上债务清偿损益等后的余额,为清算所得

    D. 企业清算期可以享受小型微利企业所得税优惠

参考答案:ABC

33. 下列个人所得税相关表述正确的有(   )。

    A. 个人所得税纳税人分为居民个人和非居民个人

    B. 居民个人应就从中国境内和境外取得的所得缴纳个人所得税

    C. 非居民个人仅就从中国境内取得的所得缴纳个人所得税

    D. 个人所得税以所得人为纳税人,以支付所得的单位或个人为扣缴义务人

参考答案:ABCD

34. 个人所得税的税率包括(   )。

    A. 七级超额累进税率   B. 六级超额累进税率

    C. 五级超额累进税率   D. 20% 比例税率

参考答案:ACD

35. 个人所得适用 20% 比例税率的有（   ）。

    A. 经营所得

    B. 利息、股息、红利所得

    C. 财产租赁所得

    D. 财产转让所得

    E. 偶然所得

参考答案：BCDE

36. 下列个人所得税相关表述正确的有（   ）。

    A. 非居民个人的工资、薪金所得，以每月收入额减除费用五千元及专项扣除后的余额为应纳税所得额

    B. 非居民个人的劳务报酬所得、稿酬所得、特许权使用费所得，以每次收入额为应纳税所得额

    C. 劳务报酬所得、稿酬所得、特许权使用费所得，属于一次性收入的，以取得该项收入为一次

    D. 劳务报酬所得、稿酬所得、特许权使用费所得，属于同一项目连续性收入的，以一个月内取得的收入为一次

参考答案：BCD

37. 下列个人所得税相关表述正确的有（   ）。

    A. 居民个人的综合所得，以每一纳税年度的收入额减除费用六万元以及专项扣除、专项附加扣除和依法确定的其他扣除后的余额，为应纳税所得额

    B. 劳务报酬所得、稿酬所得、特许权使用费所得以收入减除百分之二十的费用后的余额为收入额

    C. 稿酬所得的收入额减按百分之七十计算

    D. 个人所得税专项扣除，包括居民个人按照国家规定的范围和标准缴纳的基本养老保险、基本医疗保险、失业保险、工伤保险等社会保险费和住房公积金等

参考答案：ABC

38. 以下属于个人所得税专项附加扣除的有（   ）。

    A. 子女教育

    B. 继续教育

    C. 大病医疗

    D. 住房公积金

    E. 赡养老人

参考答案：ABCE

39. 下列个人所得税专项附加扣除相关表述正确的有（　　）。

　　A. 纳税人的子女接受全日制学历教育的相关支出，按每个子女每月 1000 元的标准定额扣除

　　B. 年满 3 岁至小学入学前处于学前教育阶段的子女，也可按照子女教育扣除

　　C. 子女教育支出的扣除，父母可以选择由其中一方按扣除标准的 100% 扣除，也可以选择由双方分别按扣除标准的 50% 扣除，具体扣除方式在一个纳税年度内不能变更

　　D. 纳税人子女在中国境外接受教育的，纳税人应当留存境外学校录取通知书、留学签证等相关教育的证明资料备查

参考答案：ABCD

40. 下列个人所得税专项附加扣除中住房贷款利息扣除相关表述正确的有（　　）。

　　A. 首套住房贷款利息支出，在实际发生贷款利息的年度，按照每月 1000 元的标准定额扣除，扣除期限最长不超过 240 个月

　　B. 纳税人只能享受一次首套住房贷款的利息扣除

　　C. 经夫妻双方约定，可以选择由其中一方扣除，也可以选择由双方分别扣除 50%，具体扣除方式在一个纳税年度内不能变更

　　D. 夫妻双方婚前分别购买住房发生的首套住房贷款，其贷款利息支出，婚后可以选择其中一套购买的住房，由购买方按扣除标准的 100% 扣除，也可以由夫妻双方对各自购买的住房分别按扣除标准的 50% 扣除，具体扣除方式在一个纳税年度内不能变更

参考答案：ABD

41. 纳税人在主要工作城市没有自有住房而发生的住房租金支出，其定额扣除标准包括（　　）。

　　A. 直辖市、省会（首府）城市、计划单列市以及国务院确定的其他城市，扣除标准为每月 1500 元

　　B. 除 A 项所列城市以外，市辖区户籍人口超过 100 万的城市，扣除标准为每月 1100 元

C．除 A 项所列城市以外，市辖区户籍人口不超过 100 万的城市，扣除标准为每月 1000 元

D．除 A 项所列城市以外，市辖区户籍人口不超过 100 万的城市，扣除标准为每月 800 元

参考答案：ABD

42．下列个人所得税专项附加扣除相关表述正确的有（　　）。

A．纳税人的配偶在纳税人的主要工作城市有自有住房的，视同纳税人在主要工作城市有自有住房

B．纳税人及其配偶在一个纳税年度内不能同时分别享受住房贷款利息和住房租金专项附加扣除

C．夫妻双方主要工作城市相同的，可由一方扣除住房租金支出，也可以选择由双方分别扣除 50%，具体扣除方式在一个纳税年度内不能变更

D．住房租金支出由签订租赁住房合同的承租人扣除

参考答案：ABD

43．居民个人的综合所得可以减除的依法确定的其他扣除包括（　　）。

A．个人缴付符合国家规定的企业年金、职业年金

B．个人购买符合国家规定的商业健康保险的支出

C．个人购买符合国家规定的税收递延型商业养老保险的支出

D．国务院规定可以扣除的其他项目

参考答案：ABCD

44．下列个人所得税相关表述正确的有（　　）。

A．经营所得，以每一纳税年度的收入总额减除成本、费用以及损失后的余额，为应纳税所得额

B．利息、股息、红利和偶然所得以每次收入额为应纳税所得额

C．利息、股息、红利所得，以支付利息、股息、红利时取得的收入为一次。偶然所得，以每次取得该项收入为一次

D．财产租赁所得，每次收入不超过四千元的，减除费用八百元；四千元以上的，减除百分之二十的费用，其余额为应纳税所得

额。财产租赁所得，以一个月内取得的收入为一次

  E. 财产转让所得，以转让财产的收入额减除财产原值和合理费用后的余额，为应纳税所得额

参考答案：ABCDE

45. 下列个人所得税相关表述正确的有（ ）。

  A. 个人转让股权，以股权转让收入减除股权原值和合理费用后的余额为应纳税所得额

  B. 个人转让股权收入是指转让方因股权转让而获得的现金、实物、有价证券和其他形式的经济利益

  C. 转让方取得与股权转让相关的各种款项，包括违约金、补偿金以及其他名目的款项、资产、权益等，均应当并入股权转让收入

  D. 纳税人按照合同约定，在满足约定条件后取得的后续收入，应当作为股权转让收入

参考答案：ABCD

46. 股权转让收入应当按照公平交易原则确定。下列情形中，主管税务机关可以核定股权转让收入的有（ ）。

  A. 申报的股权转让收入明显偏低且无正当理由的

  B. 未按照规定期限办理纳税申报，经税务机关责令限期申报，逾期仍不申报的

  C. 转让方无法提供或拒不提供股权转让收入的有关资料

  D. 其他应核定股权转让收入的情形

参考答案：ABCD

47. 符合下列哪些条件的股权转让收入明显偏低，视为有正当理由（ ）。

  A. 能出具有效文件，证明被投资企业因国家政策调整，生产经营受到重大影响，导致低价转让股权

  B. 继承或将股权转让给其能提供具有法律效力身份关系证明的配偶、父母、子女、祖父母、外祖父母、孙子女、外孙子女、兄弟姐妹以及对转让人承担直接抚养或者赡养义务的抚养人或者赡养人

  C. 相关法律、政府文件或企业章程规定，并有相关资料充分证明转

让价格合理且真实的本企业员工持有的不能对外转让股权的内部转让

D. 股权转让双方能够提供有效证据证明其合理性的其他合理情形

参考答案：ABCD

48. 下列个人所得税相关表述正确的有（　　）。

A. 福利费、抚恤金、救济金免征个人所得税

B. 免征个人所得税的福利费是指根据国家有关规定，从企业、事业单位、国家机关、社会组织提留的福利费或者工会经费中支付给个人的生活补助费

C. 免征个人所得税的救济金，是指各级人民政府民政部门支付给个人的生活困难补助费

D. 按照国家统一规定发给干部、职工的安家费、退职费、基本养老金或者退休费、离休费、离休生活补助费不并入当年综合所得，单独计算个人所得税

参考答案：ABC

49. 下列个人所得税相关表述正确的有（　　）。

A. 个人从公开发行和转让市场取得的上市公司股票，持股期限超过1年的，股息红利所得暂免征个税

B. 个人从公开发行和转让市场取得的上市公司股票，持股期限在1个月以上至1年（含1年）的，股息红利所得暂减按50%计入应纳税所得额

C. 个人从公开发行和转让市场取得的上市公司股票，持股期限在1个月以上至1年（含1年）的，股息红利所得暂减按25%计入应纳税所得额

D. 个人从公开发行和转让市场取得的上市公司股票，持股期限在1个月以内（含1个月）的，股息红利所得全额计入应纳税所得额

E. 个人从公开发行和转让市场取得的上市公司股票，持股期限在1个月以内（含1个月）的，股息红利所得暂减按50%计入应纳税所得额

参考答案：ABD

50. 纳税人 2021 年度取得综合所得符合下列情形，需要办理年度汇算的是：（　　）。

  A. 已预缴税额大于年度应纳税额且申请退税的

  B. 年度汇算需补税但综合所得收入全年不超过 12 万元的

  C. 综合所得收入全年超过 12 万元且需要补税金额超过 400 元的

  D. 因适用所得项目错误或者扣缴义务人未依法履行扣缴义务，造成纳税年度内少申报或者未申报综合所得的

参考答案：ACD

51. 纳税人在纳税年度内已依法预缴个人所得税且符合下列情形，无需办理年度汇算的有（　　）。

  A. 年度汇算需补税但综合所得收入全年不超过 12 万元的

  B. 年度汇算需补税金额不超过 400 元的

  C. 已预缴税额与年度汇算应纳税额一致的

  D. 符合年度汇算退税条件但不申请退税的

参考答案：ABCD

52. 房地产开发企业出售新建房及配套设施，计算土地增值税增值额的扣除项目包括（　　）。

  A. 取得土地使用权所支付的金额

  B. 房地产开发成本

  C. 房地产开发费用

  D. 与转让房地产有关的税金

  E. 财政部确定的其他扣除项目（对从事房地产开发的纳税人允许按取得土地使用权所支付的金额、房地产开发成本之和，加计 20% 的扣除）

参考答案：ABCDE

53. 下列属于土地增值税中房地产开发成本的有（　　）。

  A. 土地征用及拆迁补偿费 B. 前期工程费

  C. 建筑安装工程费 D. 公共配套设施费

  E. 开发间接费用

参考答案：ABCDE

54. 下列属于土地增值税中房地产开发费用的有（　　）。

　　A. 与房地产开发项目有关的销售费用

　　B. 与房地产开发项目有关的管理费用

　　C. 与房地产开发项目有关的财务费用

　　D. 与房地产开发项目有关的开发间接费用

参考答案：ABC

55. 转让旧房的土地增值税增值额扣除项目包括（　　）。

　　A. 房屋及建筑物的评估价格

　　B. 取得土地使用权所支付的地价款

　　C. 按国家统一规定交纳的有关费用

　　D. 在转让环节缴纳的税金

参考答案：ABCD

56. 下列关于土地增值税清算的表述正确的有（　　）。

　　A. 主管税务机关受理纳税人清算资料后，应在一定期限内及时组织清算审核

　　B. 清算审核时，应审核房地产开发项目是否以国家有关部门审批、备案的项目为单位进行清算

　　C. 清算审核时，应审核对于分期开发的项目，是否以分期项目为单位清算

　　D. 清算审核时，应审核对不同类型房地产是否分别计算增值额、增值率，缴纳土地增值税

参考答案：ABCD

57. 计入资源税销售额中的相关运杂费用，凡取得增值税发票或者其他合法有效凭据的，准予从销售额中扣除。相关运杂费用包括（　　）。

　　A. 应税产品从坑口或者洗选（加工）地到车站、码头或者购买方指定地点的运输费用

　　B. 建设基金

　　C. 包装费用

　　D. 随运销产生的装卸、仓储、港杂费用

参考答案：ABD

58．以下纳税人自用应税产品的情形应当缴纳资源税的有（　　）。

A．以应税产品用于非货币性资产交换

B．以应税产品用于样品

C．以应税产品用于利润分配

D．以应税产品用于连续生产非应税产品

参考答案：ABCD

59．环境保护税的计税依据，下列确定方法正确的有（　　）。

A．应税大气污染物按照污染物排放量折合的污染当量数确定

B．应税水污染物按照污染物排放量折合的污染当量数确定

C．应税固体废物按照固体废物的排放量确定

D．应税噪声按照超过国家规定标准的分贝数确定

参考答案：ABCD

60．纳税人有下列哪些情形之一的，以其当期应税大气污染物、水污染物的产生量作为污染物的排放量（　　）。

A．未依法安装使用污染物自动监测设备或者未将污染物自动监测设备与环境保护主管部门的监控设备联网

B．损毁或者擅自移动、改变污染物自动监测设备

C．篡改、伪造污染物监测数据

D．通过暗管、渗井、渗坑、灌注或者稀释排放以及不正常运行防治污染设施等方式违法排放应税污染物

E．进行虚假纳税申报

参考答案：ABCDE

61．固体废物的排放量为当期应税固体废物的产生量减去当期应税固体废物（　　）的余额。

A．贮存量　　　　　　　　B．处置量

C．综合利用量　　　　　　D．销售量

参考答案：ABC

62．下列环境保护税应纳税额计算方法表述正确的有（　　）。

A．应税大气污染物的应纳税额为污染当量数乘以具体适用税额

B．应税水污染物的应纳税额为污染当量数乘以具体适用税额

C．应税固体废物的应纳税额为固体废物排放量乘以具体适用税额

D．应税噪声的应纳税额为超过国家规定标准的分贝数对应的具体适用税额

参考答案：ABCD

63．下列关于环境保护税的表述正确的有（　　）。

A．纳税人排放应税大气污染物或者水污染物的浓度值低于国家和地方规定的污染物排放标准百分之三十的，减按百分之七十五征收环境保护税

B．纳税人排放应税大气污染物或者水污染物的浓度值低于国家和地方规定的污染物排放标准百分之三十的，减按百分之五十征收环境保护税

C．纳税人排放应税大气污染物或者水污染物的浓度值低于国家和地方规定的污染物排放标准百分之五十的，减按百分之五十征收环境保护税

D．纳税人排放应税大气污染物或者水污染物的浓度值低于国家和地方规定的污染物排放标准百分之五十的，减按百分之二十五征收环境保护税

参考答案：AC

64．下列关于环境保护税的表述正确的有（　　）。

A．环境保护税纳税义务发生时间为纳税人排放应税污染物的当日

B．纳税人应当向应税污染物排放地的税务机关申报缴纳环境保护税

C．环境保护税按月计算，按季申报缴纳

D．不能按固定期限计算缴纳的，可以按次申报缴纳

参考答案：ABCD

65．在中华人民共和国境外书立在境内使用的应税凭证，以下哪些情形应当按规定缴纳印花税（　　）。

A．应税凭证的标的为不动产的，该不动产在境内

B．应税凭证的标的为股权的，该股权为中国居民企业的股权

C．应税凭证的标的为动产或者商标专用权、著作权、专利权、专有技术使用权的，其销售方或者购买方在境内，但不包括境外单位

或者个人向境内单位或者个人销售完全在境外使用的动产或者商标专用权、著作权、专利权、专有技术使用权

D. 应税凭证的标的为服务的，其提供方或者接受方在境内，但不包括境外单位或者个人向境内单位或者个人提供完全在境外发生的服务

参考答案：ABCD

66. 以下关于印花税的表述正确的有（　　）。

A. 印花税的应纳税额按照计税依据乘以适用税率计算

B. 同一应税凭证载有两个以上税目事项并分别列明金额的，按照各自适用的税目税率分别计算应纳税额

C. 同一应税凭证载有两个以上税目事项未分别列明金额的，从高适用税率

D. 同一应税凭证由两方以上当事人书立的，按照各自涉及的金额分别计算应纳税额

参考答案：ABCD

67. 下列凭证免征印花税的有（　　）。

A. 依照法律规定应当予以免税的外国驻华使馆、领事馆和国际组织驻华代表机构为获得馆舍书立的应税凭证

B. 中国人民解放军、中国人民武装警察部队书立的应税凭证

C. 农民、家庭农场、农民专业合作社、农村集体经济组织、村民委员会购买农业生产资料或者销售农产品书立的买卖合同和农业保险合同

D. 财产所有权人将财产赠与政府、学校、社会福利机构、慈善组织书立的产权转移书据

E. 非营利性医疗卫生机构采购药品或者卫生材料书立的买卖合同

参考答案：ABCDE

68. 以下关于印花税的表述正确的有（　　）。

A. 纳税人为单位的，应当向其机构所在地的主管税务机关申报缴纳印花税

B. 纳税人为个人的，应当向应税凭证书立地或者纳税人居住地的主

管税务机关申报缴纳印花税

C. 不动产产权发生转移的，纳税人应当向不动产所在地的主管税务机关申报缴纳印花税

D. 纳税人为境外单位或者个人，在境内有代理人的，以其境内代理人为扣缴义务人

E. 纳税人为境外单位或者个人，在境内没有代理人的，以书立应税凭证的另一方为扣缴义务人

参考答案：ABCD

69. 下列关于从租计征房产税的表述正确的有（　　）。

A. 房产出租的，以房产租金收入为房产税的计税依据。租金收入不含增值税

B. 应纳税额＝租金收入 × 税率

C. 对个人按市场价格出租的居民住房，可暂减按 4% 的税率征收房产税

D. 对企事业单位、社会团体以及其他组织向个人、专业化规模化住房租赁企业出租住房的，减按 4% 的税率征收房产税

参考答案：ABCD

70. 下列房产免纳房产税的有（　　）。

A. 国家机关、人民团体、军队自用的房产

B. 由国家财政部门拨付事业经费的单位自用的房产

C. 宗教寺庙、公园、名胜古迹自用的房产

D. 个人所有非营业用的房产

参考答案：ABCD

71. 下列关于房产税的表述正确的有（　　）。

A. 纳税人购置存量房，自办理房屋权属转移、变更登记手续，房地产权属登记机关签发房屋权属证书之次月起，缴纳房产税

B. 纳税人出租、出借房产，自交付出租、出借房产之次月起，缴纳房产税

C. 房地产开发企业自用、出租、出借本企业建造的商品房，自房屋使用或交付之次月起，缴纳房产税

D. 纳税人因房产的实物或权利状态发生变化而依法终止房产税纳税义务的，其应纳税款的计算应截止到房产的实物或权利状态发生变化的当月末

参考答案：ABCD

72. 下列关于城镇土地使用税的表述正确的有（　　）。

A. 土地使用税由拥有土地使用权的单位或个人缴纳

B. 拥有土地使用权的纳税人不在土地所在地的，由代管人或实际使用人纳税

C. 土地使用权未确定或权属纠纷未解决的，由实际使用人纳税

D. 土地使用权共有的，由共有各方分别纳税

参考答案：ABCD

73. 下列关于城镇土地使用税的表述正确的有（　　）。

A. 城镇土地使用税以纳税人实际占用的土地面积为计税依据，依照规定税额计算征收

B. 纳税人实际占用的土地面积，是指由省、自治区、直辖市人民政府确定的单位组织测定的土地面积

C. 尚未组织测量，但纳税人持有政府部门核发的土地使用证书的，以证书确认的土地面积为准

D. 尚未核发土地使用证书的，应由纳税人据实申报土地面积

参考答案：ABCD

74. 下列土地免缴土地使用税的有（　　）。

A. 由国家财政部门拨付事业经费的单位自用的土地

B. 宗教寺庙、公园、名胜古迹自用的土地

C. 市政街道、广场、绿化地带等公共用地

D. 直接用于农、林、牧、渔业的生产用地

参考答案：ABCD

75. 下列关于城镇土地使用税的表述正确的有（　　）。

A. 纳税人购置新建商品房，自房屋交付使用之次月起，缴纳城镇土地使用税

B. 纳税人购置存量房，自办理房屋权属转移、变更登记手续，房

地产权属登记机关签发房屋权属证书之次月起，缴纳城镇土地
使用税

C. 出租、出借房产，自交付出租、出借房产之次月起，缴纳城镇土
地使用税

D. 纳税人新征用的耕地，自批准征用次月起缴纳城镇土地使用税

E. 纳税人新征用的非耕地，自批准征用之日起满 1 年后的次月开始
缴纳城镇土地使用税

参考答案：ABC

76. 下列关于耕地占用税的表述正确的有（　　）。

A. 军事设施、学校、幼儿园、社会福利机构、医疗机构占用耕地，
免征耕地占用税

B. 铁路线路、公路线路、飞机场跑道、停机坪、港口、航道、水利
工程占用耕地，免征耕地占用税

C. 农村居民在规定用地标准以内占用耕地新建自用住宅，按照当地
适用税额减半征收耕地占用税；其中农村居民经批准搬迁，新建
自用住宅占用耕地不超过原宅基地面积的部分，免征耕地占用税

D. 农村烈士遗属、因公牺牲军人遗属、残疾军人以及符合农村最低
生活保障条件的农村居民，在规定用地标准以内新建自用住宅，
免征耕地占用税

参考答案：ACD

77. 下列关于车船税的表述正确的有（　　）。

A. 在中华人民共和国境内属于《车船税税目税额表》规定的车辆、
船舶的所有人或者管理人，为车船税的纳税人

B. 车船税按年申报，分月计算，一次性缴纳

C. 购置的新车船，购置当年的车船税应纳税额自纳税义务发生的当月
起按月计算，计算公式为：应纳税额 =（年应纳税额 ÷12）× 应纳
税月份数；应纳税月份数 =12– 纳税义务发生时间（取月份）+1

D. 车船税纳税义务发生时间为取得车船所有权或者管理权的当月，
以购买车船的发票或其他证明文件所载日期的当月为准

参考答案：ABCD

78．下列车船中，免征车船税的有（   ）。

　　A．军队、武装警察部队专用的车船

　　B．警用车船

　　C．悬挂应急救援专用号牌的国家综合性消防救援车辆和国家综合性消防救援专用船舶

　　D．依照法律规定应当予以免税的外国驻华使领馆、国际组织驻华代表机构及其有关人员的车船

参考答案：ABCD

79．下列关于车辆购置税的表述正确的有（   ）。

　　A．车辆购置税实行一次性征收

　　B．购置已征车辆购置税的车辆，不再征收车辆购置税

　　C．车辆购置税的税率为百分之十

　　D．车辆购置税的应纳税额按照应税车辆的计税价格乘以税率计算

参考答案：ABCD

80．下列车辆免征车辆购置税的有（   ）。

　　A．依照法律规定应当予以免税的外国驻华使馆、领事馆和国际组织驻华机构及其有关人员自用的车辆

　　B．中国人民解放军和中国人民武装警察部队列入装备订货计划的车辆

　　C．悬挂应急救援专用号牌的国家综合性消防救援车辆

　　D．设有固定装置的非运输专用作业车辆

参考答案：ABCD

81．在中华人民共和国境内转移土地、房屋权属，承受的单位和个人应缴纳契税，包括的情形有（   ）。

　　A．土地使用权出让，土地使用权转让，包括出售、赠与、互换

　　B．土地承包经营权和土地经营权的转移

　　C．房屋买卖、赠与、互换

　　D．以作价投资（入股）、偿还债务、划转、奖励等方式转移土地、房屋权属

参考答案：ACD

82. 下列关于契税计税依据的表述正确的有（　　）。

A. 土地使用权出让、出售，房屋买卖，为土地、房屋权属转移合同确定的成交价格，包括应交付的货币以及实物、其他经济利益对应的价款

B. 土地使用权互换、房屋互换，为所互换的土地使用权、房屋价格的差额

C. 土地使用权赠与、房屋赠与以及其他没有价格的转移土地、房屋权属行为，为税务机关参照土地使用权出售、房屋买卖的市场价格依法核定的价格

D. 契税的计税依据不包括增值税

参考答案：ABCD

83. 下列关于契税的表述正确的有（　　）。

A. 婚姻关系存续期间夫妻之间变更土地、房屋权属免征契税

B. 法定继承人通过继承承受土地、房屋权属免征契税

C. 夫妻因离婚分割共同财产发生土地、房屋权属变更的，免征契税

D. 城镇职工按规定第一次购买公有住房的，免征契税

参考答案：ABCD

84. 下列情形免征契税的有（　　）。

A. 国家机关、事业单位、社会团体、军事单位承受土地、房屋权属用于办公、教学、医疗、科研、军事设施

B. 非营利性的学校、医疗机构、社会福利机构承受土地、房屋权属用于办公、教学、医疗、科研、养老、救助

C. 承受荒山、荒地、荒滩土地使用权用于农、林、牧、渔业生产

D. 依照法律规定应当予以免税的外国驻华使馆、领事馆和国际组织驻华代表机构承受土地、房屋权属

参考答案：ABCD

85. 下列关于烟叶税的表述正确的有（　　）。

A. 在中华人民共和国境内，依照《中华人民共和国烟草专卖法》的规定收购烟叶的单位为烟叶税的纳税人

B. 纳税人应当向烟叶收购地的主管税务机关申报缴纳烟叶税

C. 烟叶税的纳税义务发生时间为纳税人收购烟叶的当日

D. 烟叶税按月计征，纳税人应当于纳税义务发生月终了之日起十五日内申报并缴纳税款

参考答案：ABCD

86. 城市维护建设税税率包括（　　）。

A. 纳税人所在地在市区的，税率为百分之七

B. 纳税人所在地在县城、镇的，税率为百分之五

C. 纳税人所在地在县城、镇的，税率为百分之三

D. 纳税人所在地不在市区、县城或者镇的，税率为百分之一

参考答案：ABD

87. 下列关于城市维护建设税的表述正确的有（　　）。

A. 在中华人民共和国境内缴纳增值税、消费税的单位和个人，为城市维护建设税的纳税人

B. 城市维护建设税的应纳税额按照计税依据乘以具体适用税率计算

C. 城市维护建设税的纳税义务发生时间与增值税、消费税的纳税义务发生时间一致，分别与增值税、消费税同时缴纳

D. 城市维护建设税的扣缴义务人为负有增值税、消费税扣缴义务的单位和个人，在扣缴增值税、消费税的同时扣缴城市维护建设税

参考答案：ABCD

88. 下列关于文化事业建设费表述正确的有（　　）。

A. 文化事业建设费的缴纳义务发生时间和缴纳地点，与缴纳义务人的增值税纳税义务发生时间和纳税地点相同

B. 文化事业建设费的扣缴义务发生时间，为缴纳义务人的增值税纳税义务发生时间

C. 文化事业建设费的扣缴义务人应当向其机构所在地或者居住地主管税务机关申报缴纳其扣缴的文化事业建设费

D. 文化事业建设费的缴纳期限与缴纳义务人的增值税纳税期限相同

参考答案：ABCD

89. 下列关于废弃电器电子产品处理基金表述正确的有（　　）。

A. 中华人民共和国境内电器电子产品的生产者，为废弃电器电子产

品处理基金缴纳义务人

B. 废弃电器电子产品处理基金缴纳义务人销售或受托加工生产相关电器电子产品，按照从量定额的办法计算应缴纳基金。应缴纳基金的计算公式为：应缴纳基金＝销售数量（受托加工数量）×征收标准

C. 废弃电器电子产品处理基金按季申报缴纳

D. 基金缴纳义务人应当自季度终了之日起十五日内申报缴纳基金，向主管税务机关报送《废弃电器电子产品处理基金申报表》

参考答案：ABCD

90. 自 2021 年 1 月 1 日起，划转至税务部门征收的非税收入有（　　）。

A. 水土保持补偿费

B. 地方水库移民扶持基金

C. 排污权出让收入

D. 防空地下室易地建设费

参考答案：ABCD

91. 目前我国的基本养老保险征缴范围包括（　　）。

A. 企业职工基本养老保险

B. 机关事业单位基本养老保险

C. 城乡居民养老保险

D. 外籍人员养老保险

参考答案：ABC

92. 下列表述正确的有（　　）。

A. 目前我国的基本医疗保险征缴范围包括城镇职工基本医疗保险和城乡居民基本医疗保险

B. 城镇职工基本医疗保险缴费由用人单位和职工共同缴纳

C. 城镇职工基本医疗保险制度建立之初，用人单位缴费比例应控制在职工工资总额的 6% 左右

D. 职工缴费比例一般为本人工资收入的 2%

参考答案：ABCD

93. 下列表述正确的有（   ）。

    A. 在对餐饮、零售、旅游、民航、公路水路铁路运输等 5 个特困行业实施阶段性缓缴三项社保费政策的基础上，以产业链供应链受疫情影响较大、生产经营困难的制造业企业为重点，进一步扩大实施范围

    B. 缓缴扩围行业所属困难企业，可申请缓缴三项社保费单位缴费部分，其中养老保险费缓缴实施期限到 2022 年年底，工伤、失业保险费缓缴期限不超过一年

    C. 原明确的 5 个特困行业缓缴养老保险费期限相应延长至 2022 年年底。缓缴期间免收滞纳金

    D. 受疫情影响严重地区生产经营出现暂时困难的所有中小微企业、以单位方式参保的个体工商户，可申请缓缴三项社保费单位缴费部分，缓缴实施期限到 2022 年年底，期间免收滞纳金

参考答案：ABCD

三、判断

1. 综合保税区增值税一般纳税人资格试点实行备案管理。   （   ）

参考答案：√

2. 符合条件的综合保税区完成备案后，区内符合增值税一般纳税人登记管理有关规定的企业，自动成为试点企业，并按规定向主管税务机关办理增值税一般纳税人资格登记。   （   ）

参考答案：×

【符合条件的综合保税区完成备案后，区内符合增值税一般纳税人登记管理有关规定的企业，可自愿向综合保税区所在地主管税务机关、海关申请成为试点企业，并按规定向主管税务机关办理增值税一般纳税人资格登记。】

3. 适用加计抵减政策纳税人，应在年度首次确认适用加计抵减政策时，通过电子税务局（或前往办税服务厅）提交《适用加计抵减政策的声明》、《适用加计抵减 15% 政策的声明》。   （   ）

参考答案：√

4. 自 2021 年 4 月 1 日起，符合条件的先进制造业纳税人可以自 2021 年 5 月及以后纳税申报期向主管税务机关申请退还增量留抵税额，先进制造业纳税人当期允许退还的增量留抵税额 = 增量留抵税额 × 进项构成比例 × 60%。 （ ）

参考答案：×

【自 2021 年 4 月 1 日起，符合条件的先进制造业纳税人可以自 2021 年 5 月及以后纳税申报期向主管税务机关申请退还增量留抵税额，先进制造业纳税人当期允许退还的增量留抵税额 = 增量留抵税额 × 进项构成比例。】

5. 自 2021 年 4 月 1 日至 2021 年 12 月 31 日，湖北省增值税小规模纳税人适用 3% 征收率的应税销售收入，减按 1% 征收率征收增值税；适用 3% 预征率的预缴增值税项目，减按 1% 预征率预缴增值税。 （ ）

参考答案：√

6. 其他个人提供建筑服务，销售或租赁不动产，转让自然资源使用权，应向服务发生地、不动产所在地、自然资源所在地主管税务机关申报缴纳增值税。 （ ）

参考答案：√

7. 自 2020 年 2 月 1 日起，小规模纳税人（其他个人除外）发生增值税应税行为，选择自行开具专用发票的，可自行开具专用发票或由税务机关为其代开专用发票。 （ ）

参考答案：×

【自 2020 年 2 月 1 日起，小规模纳税人（其他个人除外）发生增值税应税行为，选择自行开具专用发票的，税务机关不再为其代开专用发票。】

8. 用外购或委托加工收回的已税消费品用于连续生产应税消费品的，应按当期生产领用数量计算准予扣除外购的应税消费品已纳的消费税。当期准予扣除的应税消费品已纳税款 = 期初库存的已税应税消费品已纳税款 + 当期购进或收回的委托加工已税应税消费品已纳税款 − 期末库存的已税应税消费品已纳税款。 （ ）

参考答案：√

9. 企业各项存货的使用或者销售，其实际成本的计算方法，可以在先进先出法、加权平均法、个别计价法、毛利率法中选用一种。计价方法一经选

用，不得随意变更。 （ ）

参考答案：×

【企业各项存货的使用或者销售，其实际成本的计算方法，可以在先进先出法、加权平均法、个别计价法中选用一种。计价方法一经选用，不得随意变更。】

10. 自 2022 年 1 月 1 日起，企业 10 月份预缴申报第 3 季度（按季预缴）或 9 月份（按月预缴）企业所得税时，可以自主选择就当年前三季度研发费用享受加计扣除优惠政策。对 10 月份预缴申报期未选择享受研发费用加计扣除优惠政策的，可以在办理当年度企业所得税汇算清缴时统一享受。 （ ）

参考答案：√

11. 国家鼓励的集成电路设计、装备、材料、封装、测试企业和软件企业，自取得第一笔生产经营收入所属纳税年度起，第一年至第二年免征企业所得税，第三年至第五年按照 25% 的法定税率减半征收企业所得税。 （ ）

参考答案：×

【国家鼓励的集成电路设计、装备、材料、封装、测试企业和软件企业，自获利年度起，第一年至第二年免征企业所得税，第三年至第五年按照 25% 的法定税率减半征收企业所得税。】

12. 国家鼓励的重点集成电路设计企业和软件企业，自获利年度起，第一年至第五年免征企业所得税，接续年度减按 15% 的税率征收企业所得税。

（ ）

参考答案：×

【国家鼓励的重点集成电路设计企业和软件企业，自获利年度起，第一年至第五年免征企业所得税，接续年度减按 10% 的税率征收企业所得税。】

13. 公司制创业投资企业采取股权投资方式直接或间接投资于种子期、初创期科技型企业（以下简称初创科技型企业）满 2 年（24 个月，下同）的，可以按照投资额的 70% 在股权持有满 2 年的当年抵扣该公司制创业投资企业的应纳税所得额；当年不足抵扣的，可以在以后纳税年度结转抵扣。 （ ）

参考答案：×

【公司制创业投资企业采取股权投资方式直接投资于种子期、初创期科技型企业（以下简称初创科技型企业）满 2 年（24 个月，下同）的，可以按照投资额的 70% 在股权持有满 2 年的当年抵扣该公司制创业投资企业的应纳税所得额；当年不足抵扣的，可以在以后纳税年度结转抵扣。】

14. 预约定价安排的谈签与执行通常经过预备会谈、谈签意向、分析评估、正式申请、磋商签署和监控执行六个阶段。 （ ）

参考答案：√

15. 居民企业在中国境内设立不具有法人资格的营业机构的，应当汇总计算并缴纳企业所得税。汇总纳税企业实行"统一计算、分级管理、就地预缴、汇总清算、财政调库"的企业所得税征收管理办法。 （ ）

参考答案：√

16. 除国务院财政、税务主管部门另有规定外，企业在重组过程中，应当在交易发生时确认有关资产的转让所得或者损失，相关资产应当按照交易价格重新确定计税基础。 （ ）

参考答案：√

17. 在中国境内无住所的纳税人，在中国境内居住累计满 183 天的年度连续不满六年的，经向主管税务机关备案，其来源于中国境外的所得，免予缴纳个人所得税。 （ ）

参考答案：×

【在中国境内无住所的纳税人，在中国境内居住累计满 183 天的年度连续不满六年的，经向主管税务机关备案，其来源于中国境外且由境外单位或个人支付的所得，免予缴纳个人所得税。】

18. 个人转让股权，个人所得税以受让方所在地税务机关为主管税务机关。 （ ）

参考答案：×

【个人转让股权，个人所得税以被投资企业所在地税务机关为主管税务机关。】

19. 居民个人从中国境外取得的所得，可以从其应纳税额中抵免已在境外缴纳的个人所得税税额，但抵免额不得超过该纳税人境外所得依照个人所得税法规定计算的应纳税额。 （ ）

参考答案：√

20. 土地增值税的计税依据为纳税人转让房地产所取得的增值额。纳税人转让房地产所取得的收入减除规定扣除项目金额后的余额，为增值额。

( )

参考答案：√

21. 纳税人在项目全部竣工结算前转让房地产取得的收入，由于涉及成本确定或其他原因，而无法据以计算土地增值税的，可以预征土地增值税，待该项目全部竣工、办理结算后再进行清算，多退少补。 ( )

参考答案：√

22. 对于主管税务机关确定需要进行清算的项目，由主管税务机关下达清算通知，纳税人应当在收到清算通知之日起 60 日内办理清算手续并提供相应的清算资料。 ( )

参考答案：×

【对于主管税务机关确定需要进行清算的项目，由主管税务机关下达清算通知，纳税人应当在收到清算通知之日起 90 日内办理清算手续并提供相应的清算。】

23. 土地增值税核定征收率原则上不得低于 3%，各省级税务机关要结合本地实际，区分不同房地产类型制定核定征收率。 ( )

参考答案：×

【土地增值税核定征收率原则上不得低于 5%，各省级税务机关要结合本地实际，区分不同房地产类型制定核定征收率。】

24. 资源税的应纳税额，按照从价定率或者从量定额的办法，分别以应税产品的销售额乘以纳税人具体适用的比例税率或者以应税产品的销售数量乘以纳税人具体适用的定额税率计算。 ( )

参考答案：√

25. 从价定率征收资源税的应税产品，资源税计税依据为销售额。销售额为纳税人销售应税产品向购买方收取的全部价款和价外费用，包括收取的增值税销项税额。 ( )

参考答案：×

【从价定率征收资源税的应税产品，资源税计税依据为销售额。销售额为纳税人销售应税产品向购买方收取的全部价款和价外费用，但不包括收取的增值税

销项税额。】

26. 纳税人外购应税产品与自采应税产品混合销售或者混合加工为应税产品销售的，在计算应税产品销售额或者销售数量时，准予扣减外购应税产品的购进金额或者购进数量；当期不足扣减的，可结转下期扣减。纳税人应当准确核算外购应税产品的购进金额或者购进数量，未准确核算的，由主管税务机关核定外购应税产品的购进金额或者购进数量。　　　　　　　　（　）

参考答案：×

【纳税人外购应税产品与自采应税产品混合销售或者混合加工为应税产品销售的，在计算应税产品销售额或者销售数量时，准予扣减外购应税产品的购进金额或者购进数量；当期不足扣减的，可结转下期扣减。纳税人应当准确核算外购应税产品的购进金额或者购进数量，未准确核算的，一并计算缴纳资源税。】

27. 纳税人非法倾倒应税固体废物或者进行虚假纳税申报的，以其当期应税固体废物的产生量作为固体废物的排放量。　　　　（　）

参考答案：√

28. 采用委托贷款方式书立的借款合同纳税人，为委托人和借款人。　　　　　　　　　　　　　　　　　　　　　　　　（　）

参考答案：×

【采用委托贷款方式书立的借款合同纳税人，为受托人和借款人，不包括委托人。】

29. 企业之间书立的确定买卖关系、明确买卖双方权利义务的订单、要货单等单据，且未另外书立买卖合同的，不需要缴纳印花税。　　（　）

参考答案：×

【企业之间书立的确定买卖关系、明确买卖双方权利义务的订单、要货单等单据，且未另外书立买卖合同的，应当按规定缴纳印花税。】

30. 个人与电子商务经营者订立的电子订单免征印花税。　　（　）

参考答案：√

31. 纳税人将已征车辆购置税的车辆退回车辆生产企业或者销售企业的，可以向主管税务机关申请退还车辆购置税。退税额以已缴税款为基准，自缴纳税款之日至申请退税之日，每满一年扣减百分之二十。　　（　）

参考答案：×

【纳税人将已征车辆购置税的车辆退回车辆生产企业或者销售企业的，可以向主管税务机关申请退还车辆购置税。退税额以已缴税款为基准，自缴纳税款之日至申请退税之日，每满一年扣减百分之十。】

32. 自 2019 年 1 月 1 日起，原由财政部驻地方财政监察专员办事处负责征收的国家重大水利工程建设基金、农网还贷资金、可再生能源发展基金、中央水库移民扶持基金（含大中型水库移民后期扶持基金、三峡水库库区基金、跨省际大中型水库库区基金）、三峡电站水资源费、核电站乏燃料处理处置基金、免税商品特许经营费、油价调控风险准备金、核事故应急准备专项收入，以及国家留成油收入、石油特别收益金，划转至税务部门征收。   （　）

参考答案：√

33. 自 2020 年起，地方政府及有关部门负责征收的国家重大水利工程建设基金，以及向企事业单位和个体经营者征收的水利建设基金，划转至税务部门征收。   （　）

参考答案：√

34. 自 2021 年 4 月 1 日至 2021 年 12 月 31 日，湖北省增值税小规模纳税人适用 3% 征收率的应税销售收入，减按 1% 征收率征收增值税；适用 3% 预征率的预缴增值税项目，减按 1% 预征率预缴增值税。   （　）

参考答案：√

四、实务题

（一）某连锁娱乐企业是增值税一般纳税人，主要经营室内游艺设施。2021 年 12 月经营业务如下：

（1）当月游艺收入价税合计 636 万元，其中门票收入为 300 万元，游戏机收入为 336 万元。当月通过税控系统实际开票价款为 280 万元。

（2）当月以融资性售后回租形式融资，作为承租人向出租人出售一台设备，设备公允价值为 80 万元。

（3）当月举办了卡通人物展览，消费者使用本企业发行的储值卡购买周边产品优惠 10%，当月使用储值卡售出的周边产品原价为 10 万元，优惠活动价为 9 万元，购物发票注明金额为 10 万元，优惠的 10% 以现金形式返还给消费者。

（4）进口一台应征消费税的小轿车，用于高管个人消费，关税完税价格为 20 万元。

（5）当月申报抵扣的增值税专用发票的进项税合计 40 万元，其中包括：由于仓库管理员失职丢失的一批玩偶，进项税额为 3 万元，外购用于公司周年庆典的装饰用品，进项税为 4 万元，外购用于发放给优秀员工的手机，进项税额为 2 万元。

进口小轿车的关税税率为 15%，消费税税率为 5%，进口业务当月取得海关进口增值税专用缴款书，上述业务涉及的相关票据均已申报抵扣。

根据上述资料回答问题：

1. 业务（1）的销项税额为（　　）万元。

　　A. 73.17　　　　B. 53.53　　　　C. 36　　　　D. 15.85

参考答案：C

2. 业务（2）的销项税额为（　　）万元。

　　A. 0　　　　　　B. 9.2　　　　　C. 4.53　　　　D. 2.33

参考答案：A

3. 业务（3）的销项税额为（　　）万元。

　　A. 1.04　　　　 B. 1.15　　　　 C. 0.51　　　　D. 0.57

参考答案：B

4. 业务（4）进口环节增值税为（　　）万元。

　　A. 2.6　　　　　B. 2.64　　　　 C. 2.99　　　　D. 3.15

参考答案：D

5. 2021 年 12 月所属期允许抵扣的进项税额为（　　）万元。

　　A. 31　　　　　 B. 35　　　　　 C. 37　　　　　D. 38

参考答案：B

（二）某生物制药企业，2021 年度取得主营业务收入 56000 万元，其他业务收入 3000 万元，营业外收入 1200 万元，投资收益 800 万元；发生主营业务成本 24000 万元，其他业务成本 1400 万元，营业外支出 1300 万元；税金及附加 4500 万元，管理费用 5000 万元，销售费用 12000 万元，财务费用

1100万元，企业自行计算实现年度利润总额11700万元。具体业务如下：

（1）广告费支出9500万元。

（2）发生的业务招待费500万元。

（3）该企业实发工资5000万元，其中残疾人工资100万元。

（4）工会经费发生额为110万元，福利费发生额为750万元，职工教育经费发生额为140万元。

（5）专门为研发新产品发生600万元的费用，该600万元独立核算。

（6）投资收益中，其中包含国债利息收入150万元、企业债券利息收入150万元。

根据上述资料回答问题：

1. 广告费支出应调整的应纳税所得额为（　　）万元。

　　A．0　　　　　　B．650　　　　　C．470　　　　D．350

参考答案：A

2. 业务招待费支出应调整的应纳税所得额为（　　）万元。

　　A．200　　　　　B．205　　　　　C．214　　　　D．220

参考答案：B

3. 残疾人员工资应调整的应纳税所得额为（　　）万元。

　　A．50　　　　　　B．100　　　　　C．150　　　　D．200

参考答案：B

4. 工会经费、职工福利费、职工教育经费应调整的应纳税所得额为（　　）万元。

　　A．25　　　　　　B．60　　　　　　C．65　　　　　D．75

参考答案：B

5. 企业2021年度应缴纳的企业所得税为（　　）万元。

　　A．2628.75　　B．2778.75　　C．2887.75　　D．3008.75

参考答案：B

（三）居民个人王某及其配偶名下均无住房，在某省会工作并租房居住，2020年9月开始在职攻读工商管理硕士。2021年王某收入及部分支出如下：

（1）王某每月从单位领取扣除社会保险费用及住房公积金后的收入为

8000元，截至11月底累计已经预扣预缴个人所得税税款363元。

（2）取得年终奖48000元，选择单独计税。

（3）利用业余时间出版一部摄影集，取得稿费收入20000元。

（4）每月支付房租3500元。

以上专项扣除均由王某100%在预扣预缴时扣除

根据上述资料回答问题：

1. 王某2021年12月应预扣预缴的工资薪金所得个人所得税为（　）元。

    A．33   B．177   C．396   D．717

                                    参考答案：A

2. 王某取得年终奖应纳的个人所得税为（　）元。

    A．1780   B．2280   C．4090   D．4590

                                      参考答案：D

3. 王某取得稿酬应预扣预缴的个人所得税为（　）元。

    A．336   B．480   C．2240   D．3200

                                      参考答案：C

4. 王某取得2021年综合所得应缴纳的个人所得税税额为（　）元。

    A．732   B．876   C．996   D．2636

                                      参考答案：A

5. 王某就2021年综合所得向主管税务机关办理汇算清缴时应补缴的税款或申请的应退税额为（　）元。

    A．0   B．1640   C．1760   D．1904

                                      参考答案：D

第二章　深化税收征管改革

	初级	中级	高级
第一节 深化税收征管改革总体要求	1. 了解深化税收征管改革指导思想 2. 了解深化税收征管改革工作原则 3. 了解深化税收征管改革主要目标	1. 熟悉深化税收征管改革指导思想 2. 熟悉深化税收征管改革工作原则 3. 熟悉深化税收征管改革主要目标	1. 掌握深化税收征管改革指导思想 2. 掌握深化税收征管改革工作原则 3. 掌握深化税收征管改革主要目标
第二节 税收征管数字化与智能化改造	1. 了解税收征管数字化升级和智能化改造的时间节点、目标任务 2. 了解智慧税务建设目标，了解大数据、云计算、人工智能、移动互联网等现代信息技术在税收征管中的应用 3. 熟悉税费信息"一户式""一人式"智能归集，税务机关"一局式""一员式"智能归集 4. 了解发票电子化改革的任务与要求 5. 了解税收大数据共享应用的目标任务 6. 熟悉征管数字化、智能化相关税收征管信息系统的操作	1. 熟悉征管数字化升级和智能化改造的时间节点、目标任务、工作要点 2. 熟悉智慧税务建设的目标任务、工作要点 3. 掌握税费信息"一户式""一人式"智能归集，税务机关"一局式""一员式"智能归集的工作要点 4. 熟悉发票电子化改革的目标任务，熟悉电子发票服务平台应用，熟悉电子发票全领域、全环节、全要素应用 5. 熟悉税收大数据共享应用的目标任务、工作要点 6. 熟悉征管数字化、智能化相关税收征管信息系统的应用	1. 掌握征管数字化升级和智能化改造的时间节点、工作重点 2. 掌握智慧税务建设的工作重点 3. 掌握发票电子化改革的重点 4. 掌握税收大数据共享应用工作的重点，综合运用税收大数据共享应用

续表

	初级	中级	高级
第三节 完善税务 执法	1. 了解健全税费法律法规制度的主要内容 2. 熟悉严格规范税务执法行为的要求，熟悉三项制度、行政处罚裁量基准制度 3. 了解提升税务执法精确度的要求，熟悉优化创新执法方式的要求，熟悉"首违不罚"清单制度的标准与要求 4. 了解税务执法区域协同要求 5. 了解税务执法内部控制和监督管理的要求	1. 熟悉健全税费法律法规制度的目标任务 2. 熟悉严格规范税务执法的目标、任务，熟悉三项制度、行政处罚裁量基准制度的管理要点 3. 熟悉税务执法区域协同目标任务，熟悉区域间税务执法标准 4. 熟悉强化税务执法内部控制和监督的目标任务与管理要点，熟悉税务执法风险信息化内控监督体系	1. 掌握落实税收法定原则的工作重点 2. 掌握严格规范税务执法工作的重点与难点，综合应用三项制度，掌握三项制度的管理重点与难点 3. 掌握提升税务执法精确度、优化和创新税务执法方式的重点与难点 4. 掌握强化税务执法内部控制和监督的管理重点与难点
第四节 优质高效智 能税费服务	1. 了解税费优惠政策直达快享、减轻办税缴费负担的主要内容 2. 了解改进办税缴费方式、压减缴费次数与时间的主要内容 3. 了解智能型个性化服务、维护纳税人缴费人合法权益主要内容	1. 熟悉税费优惠政策直达快享的目标任务 2. 熟悉减轻办税缴费目标任务 3. 熟悉改进办税缴费方式的目标任务 4. 熟悉压减纳税缴费次数和时间的目标任务 5. 熟悉智能个性化服务与维护纳税人缴费人合法权益的目标任务	1. 掌握精细服务的重大意义 2. 掌握提升精细服务能力的重点和难点
第五节 精准税务 监管	1. 了解"信用＋风险"的监管机制：了解守信激励和失信惩戒制度、了解纳税缴费信用评价制度、缴费人动态信用等级分类和智能化风险监管体系 2. 了解重点领域风险防控和监管的主要内容 3. 了解打击涉税违法犯罪行为的主要内容	1. 熟悉"信用＋风险"监管机制的主要内容 2. 熟悉重点领域风险防控和监管的主要内容 3. 熟悉打击涉税违法犯罪行为的主要内容	1. 掌握"信用＋风险"监管机制的要点 2. 掌握重点领域风险防控和监管的要点 3. 掌握打击涉税违法犯罪行为的要点

续表

	初级	中级	高级
第六节 税收共治格局	1.了解拓展税收共治格局的主要目标任务 2.了解加强部门协作的主要内容：了解电子发票无纸化报销、入账、归档、存储，了解"银税互动"，了解跨部门情报交换、信息通报、执法联动 3.了解加强社会协同的主要内容 4.了解强化国际税收合作的主要内容	1.熟悉拓展税收共治格局的目标任务 2.熟悉加强部门协作、加强社会协同、强化税收司法保障、强化国际税收合作工作要点	1.掌握拓展税收共治格局的目标任务 2.掌握加强部门协作、加强社会协同、强化税收司法保障、强化国际税收合作的工作重点与难点
第七节 组织保障与贯彻落实	1.了解优化征管职责和力量、加强征管能力建设、改进提升绩效考评的主要内容 2.了解加强组织领导、跟踪问效、宣传引导的主要内容	1.熟悉优化征管职责和力量、加强征管能力建设、改进提升绩效考评的工作要点 2.熟悉加强组织领导、跟踪问效、宣传引导的主要内容	1.掌握优化征管职责和力量、加强征管能力建设、改进提升绩效考评的工作重点 2.掌握加强组织领导、跟踪问效、宣传引导的工作要点

必懂复习策略

近年来，我国税收制度改革不断深化，税收征管体制持续优化，纳税服务和税务执法的规范性、便捷性、精准性不断提升。为深入推进税务领域"放管服"改革，完善税务监管体系，打造市场化法治化国际化营商环境，更好服务市场主体发展，中共中央办公厅、国务院办公厅印发了《关于进一步深化税收征管改革的意见》，并发出通知，要求各地区各部门结合实际认真贯彻落实。本章主要内容有：深化税收征管改革总体要求、税收征管数字化与智能化改造、完善税务执法、优质高效智能税费服务、精准税务监管、税收共治格局、组织保障与贯彻落实等。

深化税收征管改革总体要求考生重点掌握，此外，税收征管数字化与智能化改造、完善税务执法、优质高效智能税费服务、精准税务监管等几方面内容也较为重要，特别是其中的时间节点和明确目标应重点掌握。

本章对初级考生的要求为了解基本内容，中级考生应熟悉相关目标要点和主要内容，高级考生应全面重点掌握。

■ 深化税收征管改革指导思想：以习近平新时代中国特色社会主义思想为指导，全面贯彻党的十九大和十九届二中、三中、四中、五中、六中全会精神，围绕把握新发展阶段、贯彻新发展理念、构建新发展格局，深化税收征管制度改革，着力建设以服务纳税人缴费人为中心、以发票电子化改革为突破口、以税收大数据为驱动力的具有高集成功能、高安全性能、高应用效能的智慧税务，深入推进精确执法、精细服务、精准监管、精诚共治，大幅提高税法遵从度和社会满意度，明显降低征纳成本，充分发挥税收在国家治理中的基础性、支柱性、保障性作用，为推动高质量发展提供有力支撑。

■ 深化税收征管改革工作原则：坚持党的全面领导，确保党中央、国务院决策部署不折不扣落实到位；坚持依法治税，善于运用法治思维和法治方式深化改革，不断优化税务执法方式，着力提升税收法治化水平；坚持为民便民，进一步完善利企便民服务措施，更好满足纳税人缴费人合理需求；坚持问题导向，着力补短板强弱项，切实解决税收征管中的突出问题；坚持改革创新，深化税务领域"放管服"改革，推动税务执法、服务、监管的理念和方式手段等全方位变革；坚持系统观念，统筹推进各项改革措施，整体性集成式提升税收治理效能。

■ 深化税收征管改革主要目标：到2022年，在税务执法规范性、税费服务便捷性、税务监管精准性上取得重要进展。到2023年，基本建成"无风险不打扰、有违法要追究、全过程强智控"的税务执法新体系，实现从经验式执法向科学精确执法转变；基本建成"线下服务无死角、线上服务不打烊、定制服务广覆盖"的税费服务新体系，实现从无差别服务向精细化、智能化、个性化服务转变；基本建成以"双随机、一公开"监管和"互联网+监管"为基本手段、以重点监管为补充、以"信用+风险"监管为基础的税务监管新体系，实现从"以票管税"向"以数治税"分类精准监管转变。到2025年，深化税收征管制度改革取得显著成效，基本建成功能强大的智慧税务，形成国内一流的智能化行政应用系统，全方位提高税务执法、服务、监管能力。

■ 全面推进税收征管数字化升级和智能化改造包括：（1）加快推进智慧税务建设；（2）稳步实施发票电子化改革；（3）深化税收大数据共享应用。

■ 加快推进智慧税务建设。充分运用大数据、云计算、人工智能、移动互联网等现代信息技术，着力推进内外部涉税数据汇聚联通、线上线下有机贯通，驱动税务执法、服务、监管制度创新和业务变革，进一步优化组织体系和资源配置。2022年基本实现法人税费信息"一户式"、自然人税费信息"一人式"智能归集，2023年基本实现税务机关信息"一局式"、税务人员信息"一员式"智能归集，深入推进对纳税人缴费人行为的自动分析管理、对税务人员履责的全过程自控考核考评、对税务决策信息和任务的自主分类推送。2025年实现税务执法、服务、监管与大数据智能化应用深度融合、高效联动、全面升级。

■ 稳步实施发票电子化改革。2021年建成全国统一的电子发票服务平台，24小时在线免费为纳税人提供电子发票申领、开具、交付、查验等服务。制定出台电子发票国家标准，有序推进铁路、民航等领域发票电子化，2025年基本实现发票全领域、全环节、全要素电子化，着力降低制度性交易成本。

■ 深化税收大数据共享应用。探索区块链技术在社会保险费征收、房地产交易和不动产登记等方面的应用，并持续拓展在促进涉税涉费信息共享等领域的应用。不断完善税收大数据云平台，加强数据资源开发利用，持续推进与国家及有关部门信息系统互联互通。2025年建成税务部门与相关部门常态化、制度化数据共享协调机制，依法保障涉税涉费必要信息获取；健全涉税涉费信息对外提供机制，打造规模大、类型多、价值高、颗粒度细的税收大数据，高效发挥数据要素驱动作用。完善税收大数据安全治理体系和管理制度，加强安全态势感知平台建设，常态化开展数据安全风险评估和检查，健全监测预警和应急处置机制，确保数据全生命周期安全。加强智能化税收大数据分析，不断强化税收大数据在经济运行研判和社会管理等领域的深层次应用。

■ 不断完善税务执法制度和机制包括：健全税费法律法规制度、严格规范税务执法行为、不断提升税务执法精确度、加强税务执法区域协同、强化税务执法内部控制和监督。

■ 健全税费法律法规制度。全面落实税收法定原则，加快推进将现行税收暂行条例上升为法律。完善现代税收制度，更好发挥税收作用，促进建立现代财税体制。推动修订税收征收管理法、反洗钱法、发票管理办法等法律法规和规章。加强非税收入管理法制化建设。

■ 严格规范税务执法行为。坚持依法依规征税收费，做到应收尽收。同时，坚决防止落实税费优惠政策不到位、征收"过头税费"及对税收工作进行不当行政干预等行为。全面落实行政执法公示、执法全过程记录、重大执法决定法制审核制度，推进执法信息网上录入、执法程序网上流转、执法活动网上监督、执法结果网上查询，2023年基本建成税务执法质量智能控制体系。不断完善税务执法及税费服务相关工作规范，持续健全行政处罚裁量基准制度。

■ 不断提升税务执法精确度。创新行政执法方式，有效运用说服教育、约谈警示等非强制性执法方式，让执法既有力度又有温度，做到宽严相济、法理相融。坚决防止粗放式、选择性、"一刀切"执法。准确把握一般涉税违法与涉税犯罪的界限，做到依法处置、罚当其责。在税务执法领域研究推广"首违不罚"清单制度。坚持包容审慎原则，积极支持新产业、新业态、新模式健康发展，以问题为导向完善税务执法，促进依法纳税和公平竞争。

■ 加强税务执法区域协同。推进区域间税务执法标准统一，实现执法信息互通、执法结果互认，更好服务国家区域协调发展战略。简化企业涉税涉费事项跨省迁移办理程序，2022年基本实现资质异地共认。持续扩大跨省经营企业全国通办涉税涉费事项范围，2025年基本实现全国通办。

■ 强化税务执法内部控制和监督。2022年基本构建起全面覆盖、全程防控、全员有责的税务执法风险信息化内控监督体系，将税务执法风险防范措施嵌入信息系统，实现事前预警、事中阻断、事后追责。强化内外部审计监督和重大税务违法案件"一案双查"，不断完善对税务执法行为的常态化、精准化、机制化监督。

■ 大力推行优质高效智能税费服务包括：确保税费优惠政策直达快享、

切实减轻办税缴费负担、全面改进办税缴费方式、持续压减纳税缴费次数和时间、积极推行智能型个性化服务、维护纳税人缴费人合法权益。

■ 确保税费优惠政策直达快享。2021 年实现征管操作办法与税费优惠政策同步发布、同步解读，增强政策落实的及时性、确定性、一致性。进一步精简享受优惠政策办理流程和手续，持续扩大"自行判别、自行申报、事后监管"范围，确保便利操作、快速享受、有效监管。2022 年实现依法运用大数据精准推送优惠政策信息，促进市场主体充分享受政策红利。

■ 切实减轻办税缴费负担。积极通过信息系统采集数据，加强部门间数据共享，着力减少纳税人缴费人重复报送。全面推行税务证明事项告知承诺制，拓展容缺办理事项，持续扩大涉税资料由事前报送改为留存备查的范围。

■ 全面改进办税缴费方式。2021 年基本实现企业税费事项能网上办理，个人税费事项能掌上办理。2022 年建成全国统一规范的电子税务局，不断拓展"非接触式"、"不见面"办税缴费服务。逐步改变以表单为载体的传统申报模式，2023 年基本实现信息系统自动提取数据、自动计算税额、自动预填申报，纳税人缴费人确认或补正后即可线上提交。

■ 持续压减纳税缴费次数和时间。落实《优化营商环境条例》，对标国际先进水平，大力推进税（费）种综合申报，依法简并部分税种征期，减少申报次数和时间。扩大部门间数据共享范围，加快企业出口退税事项全环节办理速度，2022 年税务部门办理正常出口退税的平均时间压缩至 6 个工作日以内，对高信用级别企业进一步缩短办理时间。

■ 积极推行智能型个性化服务。全面改造提升 12366 税费服务平台，加快推动向以 24 小时智能咨询为主转变，2022 年基本实现全国咨询"一线通答"。运用税收大数据智能分析识别纳税人缴费人的实际体验、个性需求等，精准提供线上服务。持续优化线下服务，更好满足特殊人员、特殊事项的服务需求。

■ 维护纳税人缴费人合法权益。完善纳税人缴费人权利救济和税费争议解决机制，畅通诉求有效收集、快速响应和及时反馈渠道。探索实施大企业税收事先裁定并建立健全相关制度。健全纳税人缴费人个人信息保护等制度，依法加强税费数据查询权限和留痕等管理，严格保护纳税人缴费人及扣缴义务人的商业秘密、个人隐私等，严防个人信息泄露和滥用等。税务机关和税务人员违反有关法律法规规定、因疏于监管造成重大损失的，依法严肃追究责任。

■ 精准实施税务监管包括：建立健全以"信用＋风险"为基础的新型监管机制；加强重点领域风险防控和监管；依法严厉打击涉税违法犯罪行为。

■ 建立健全以"信用＋风险"为基础的新型监管机制。健全守信激励和失信惩戒制度，充分发挥纳税信用在社会信用体系中的基础性作用。建立健全纳税缴费信用评价制度，对纳税缴费信用高的市场主体给予更多便利。在全面推行实名办税缴费制度基础上，实行纳税人缴费人动态信用等级分类和智能化风险监管，既以最严格的标准防范逃避税，又避免影响企业正常生产经营。健全以"数据集成＋优质服务＋提醒纠错＋依法查处"为主要内容的自然人税费服务与监管体系。依法加强对高收入高净值人员的税费服务与监管。

■ 加强重点领域风险防控和监管。对逃避税问题多发的行业、地区和人群，根据税收风险适当提高"双随机、一公开"抽查比例。对隐瞒收入、虚列成本、转移利润以及利用"税收洼地"、"阴阳合同"和关联交易等逃避税行为，加强预防性制度建设，加大依法防控和监督检查力度。

■ 依法严厉打击涉税违法犯罪行为。充分发挥税收大数据作用，依托税务网络可信身份体系对发票开具、使用等进行全环节即时验证和监控，实现对虚开骗税等违法犯罪行为惩处从事后打击向事前事中精准防范转变。健全违法查处体系，充分依托国家"互联网＋监管"系统多元数据汇聚功能，精准有效打击"假企业"虚开发票、"假出口"骗取退税、"假申报"骗取税费优惠等行为，保障国家税收安全。对重大涉税违法犯罪案件，依法从严查处曝光并按照有关规定纳入企业和个人信用记录，共享至全国信用信息平台。

■ 持续深化拓展税收共治格局包括：加强部门协作；加强社会协同；强化税收司法保障；强化国际税收合作。

■ 加强部门协作。大力推进会计核算和财务管理信息化，通过电子发票与财政支付、金融支付和各类单位财务核算系统、电子档案管理信息系统的衔接，加快推进电子发票无纸化报销、入账、归档、存储。持续深化"银税互动"，助力解决小微企业融资难融资贵问题。加强情报交换、信息通报和执法联动，积极推进跨部门协同监管。

■　加强社会协同。积极发挥行业协会和社会中介组织作用，支持第三方按市场化原则为纳税人提供个性化服务，加强对涉税中介组织的执业监管和行业监管。大力开展税费法律法规的普及宣传，持续深化青少年税收法治教育，发挥税法宣传教育的预防和引导作用，在全社会营造诚信纳税的浓厚氛围。

■　强化税收司法保障。公安部门要强化涉税犯罪案件查办工作力量，做实健全公安派驻税务联络机制。实行警税双方制度化、信息化、常态化联合办案，进一步畅通行政执法与刑事执法衔接工作机制。检察机关发现负有税务监管相关职责的行政机关不依法履责的，应依法提出检察建议。完善涉税司法解释，明晰司法裁判标准。

■　强化国际税收合作。深度参与数字经济等领域的国际税收规则和标准制定，持续推动全球税收治理体系建设。落实防止税基侵蚀和利润转移行动计划，严厉打击国际逃避税，保护外资企业合法权益，维护我国税收利益。不断完善"一带一路"税收征管合作机制，支持发展中国家提高税收征管能力。进一步扩大和完善税收协定网络，加大跨境涉税争议案件协商力度，实施好对所得避免双重征税的双边协定，为高质量引进来和高水平走出去提供支撑。

■　强化税务组织保障包括：优化征管职责和力量；加强征管能力建设；改进提升绩效考评。

■　优化征管职责和力量。强化市县税务机构在日常性服务、涉税涉费事项办理和风险应对等方面的职责，适当上移全局性、复杂性税费服务和管理职责。不断优化业务流程，合理划分业务边界，科学界定岗位职责，建立健全闭环管理机制。加大人力资源向风险管理、税费分析、大数据应用等领域倾斜力度，增强税务稽查执法力量。

■　加强征管能力建设。坚持更高标准、更高要求，着力建设德才兼备的高素质税务执法队伍，加大税务领军人才和各层次骨干人才培养力度。高质量建设和应用学习兴税平台，促进学习日常化、工作学习化。

■　改进提升绩效考评。在实现税务执法、税费服务、税务监管行为全过程记录和数字化智能归集基础上，推动绩效管理渗入业务流程、融入岗责体系、嵌入信息系统，对税务执法等实施自动化考评，将法治素养和依法履职情况作为考核评价干部的重要内容，促进工作质效持续提升。

■ 认真抓好贯彻实施包括：加强组织领导；加强跟踪问效；加强宣传引导。

■ 加强组织领导。各地区各有关部门要增强"四个意识"、坚定"四个自信"、做到"两个维护"，切实履行职责，密切协调配合，确保各项任务落地见效。税务总局要牵头组织实施，积极研究解决工作推进中遇到的重大问题，加强协调沟通，抓好贯彻落实。地方各级党委和政府要按照税务系统实行双重领导管理体制的要求，在依法依规征税收费、落实减税降费、推进税收共治、强化司法保障、深化信息共享、加强税法普及、强化经费保障等方面提供支持。

■ 加强跟踪问效。在税务领域深入推行"好差评"制度，适时开展监督检查和评估总结，减轻基层负担，促进执法方式持续优化、征管效能持续提升。

■ 加强宣传引导。税务总局要会同有关部门认真做好宣传工作，准确解读便民利企政策措施，及时回应社会关切，正确引导社会预期，营造良好舆论氛围。

必考点检测训练

一、单项选择

1. 加强税务执法区域协同。推进区域间税务执法标准统一，实现执法信息互通、执法结果互认，更好服务国家区域协调发展战略。简化企业涉税涉费事项跨省迁移办理程序，2022 年基本实现（　　）。持续扩大跨省经营企业全国通办涉税涉费事项范围，2025 年基本实现（　　）。

A. 信息跨省互通、全网通办

B. 信息异地共认、全网通办

C. 资质跨省互通、全国通办

D. 资质异地共认、全国通办

参考答案：D

2. 强化税务执法内部控制和监督。（　　）基本构建起全面覆盖、全程防控、全员有责的税务执法风险信息化内控监督体系，将税务执法风险防范措施嵌入信息系统，实现事前预警、事中阻断、事后追责。强化内外部审计监督和重大税务违法案件"一案双查"，不断完善对税务执法行为的常态化、精准化、机制化监督。

A. 2022 年　　　　B. 2023 年　　　　C. 2024 年　　　D. 2025 年

参考答案：A

3. 积极推行智能型个性化服务。全面改造提升 12366 税费服务平台，加快推动向以 24 小时智能咨询为主转变，（　　）基本实现全国咨询"一线通答"。运用税收大数据智能分析识别纳税人缴费人的实际体验、个性需求等，精准提供线上服务。持续优化线下服务，更好满足特殊人员、特殊事项的服务需求。

A. 2022 年　　　　B. 2023 年　　　　C. 2024 年　　　D. 2025 年

参考答案：A

二、多选

1. 围绕把握新发展阶段、贯彻新发展理念、构建新发展格局，深化税收征管制度改革，着力建设以（　　）为中心、以（　　）为突破口、以（　　）为驱动力的具有高集成功能、高安全性能、高应用效能的智慧税务，深入推进精确执法、精细服务、精准监管、精诚共治，大幅提高税法遵从度和社会满意度，明显降低征纳成本，充分发挥税收在国家治理中的基础性、支柱性、保障性作用，为推动高质量发展提供有力支撑。

A. 依法治税　　　　　　　　　B. 服务纳税人缴费人

C. 发票电子化改革　　　　　　D. 税收大数据

参考答案：BCD

2. 深化税收征管改革工作原则除坚持党的全面领导，确保党中央、国务院决策部署不折不扣落实到位外，还包括（　　）。

A. 坚持依法治税，善于运用法治思维和法治方式深化改革，不断优化税务执法方式，着力提升税收法治化水平

B. 坚持为民便民，进一步完善利企便民服务措施，更好满足纳税人缴费人合理需求

C. 坚持问题导向，着力补短板强弱项，切实解决税收征管中的突出问题

D. 坚持改革创新，深化税务领域"放管服"改革，推动税务执法、服务、监管的理念和方式手段等全方位变革

E. 坚持系统观念，统筹推进各项改革措施，整体性集成式提升税收治理效能

参考答案：ABCDE

3. 到 2022 年，深化税收征管改革主要目标是在哪些方面取得重要进展（　　）。

A. 税收数据全面性　　　　　　B. 税务执法规范性

C. 税费服务便捷性　　　　　　D. 税务监管精准性

参考答案：BCD

4. 全面推进税收征管数字化升级和智能化改造包括（　　）。

A. 加快推进智慧税务建设

B. 稳步实施发票电子化改革

C. 深化税收大数据共享应用

D. 不断提升税务执法精确度

参考答案：ABC

5. 稳步实施发票电子化改革的要求有（　　）。

A. 2021 年建成全国统一的电子发票服务平台

B. 24 小时在线免费为纳税人提供电子发票申领、开具、交付、查验等服务

C. 制定出台电子发票国家标准，有序推进铁路、民航等领域发票电子化

D. 2025 年基本实现发票全领域、全环节、全要素电子化，着力降
低制度性交易成本

参考答案：ABCD

6. 加快推进智慧税务建设的要求包括（　　）。

A. 充分运用大数据、云计算、人工智能、移动互联网等现代信息技
术，着力推进内外部涉税数据汇聚联通、线上线下有机贯通，驱
动税务执法、服务、监管制度创新和业务变革，进一步优化组织
体系和资源配置

B. 2022 年基本实现法人税费信息"一户式"、自然人税费信息"一
人式"智能归集

C. 2023 年基本实现税务机关信息"一局式"、税务人员信息"一员
式"智能归集，深入推进对纳税人缴费人行为的自动分析管理、
对税务人员履责的全过程自控考核考评、对税务决策信息和任务
的自主分类推送

D. 2025 年实现税务执法、服务、监管与大数据智能化应用深度融
合、高效联动、全面升级

参考答案：ABCD

7. 深化税收大数据共享应用的要求有（　　）。

A. 探索区块链技术在社会保险费征收、房地产交易和不动产登记
等方面的应用，并持续拓展在促进涉税涉费信息共享等领域的
应用

B. 不断完善税收大数据云平台，加强数据资源开发利用，持续推进
与国家及有关部门信息系统互联互通

C. 2025 年建成税务部门与相关部门常态化、制度化数据共享协调
机制，依法保障涉税涉费必要信息获取；健全涉税涉费信息对外
提供机制，打造规模大、类型多、价值高、颗粒度细的税收大数
据，高效发挥数据要素驱动作用

D. 完善税收大数据安全治理体系和管理制度，加强安全态势感知平
台建设，常态化开展数据安全风险评估和检查，健全监测预警和
应急处置机制，确保数据全生命周期安全

E. 加强智能化税收大数据分析，不断强化税收大数据在经济运行研判和社会管理等领域的深层次应用

参考答案：ABCDE

8. 不断完善税务执法制度和机制包括哪些方面（　　）。

A. 健全税费法律法规制度

B. 严格规范税务执法行为

C. 不断提升税务执法精确度

D. 加强税务执法区域协同

E. 强化税务执法内部控制和监督

参考答案：ABCDE

9. 健全税费法律法规制度的主要内容有（　　）。

A. 全面落实税收法定原则，加快推进将现行税收暂行条例上升为法律

B. 完善现代税收制度，更好发挥税收作用，促进建立现代财税体制

C. 推动修订税收征收管理法、反洗钱法、发票管理办法等法律法规和规章

D. 加强非税收入管理法制化建设

参考答案：ABCD

10. 严格规范税务执法行为的要求有（　　）。

A. 坚持依法依规征税收费，做到应收尽收

B. 坚决防止落实税费优惠政策不到位、征收"过头税费"及对税收工作进行不当行政干预等行为

C. 全面落实行政执法公示、执法全过程记录、重大执法决定法制审核制度，推进执法信息网上录入、执法程序网上流转、执法活动网上监督、执法结果网上查询，2023年基本建成税务执法质量智能控制体系

D. 不断完善税务执法及税费服务相关工作规范，持续健全行政处罚裁量基准制度

参考答案：ABCD

11. 不断提升税务执法精确度的要求包括（　　）。

    A. 创新行政执法方式，有效运用说服教育、约谈警示等非强制性执法方式，让执法既有力度又有温度，做到宽严相济、法理相融

    B. 坚决防止粗放式、选择性、"一刀切"执法

    C. 准确把握一般涉税违法与涉税犯罪的界限，做到依法处置、罚当其责

    D. 在税务执法领域研究推广"首违不罚"清单制度

    E. 坚持包容审慎原则，积极支持新产业、新业态、新模式健康发展，以问题为导向完善税务执法，促进依法纳税和公平竞争

参考答案：ABCDE

12. 全面改进办税缴费方式。逐步改变以表单为载体的传统申报模式，2023年基本实现信息系统（　　），纳税人缴费人确认或补正后即可线上提交。

    A. 自动提取数据　　　　　　B. 自动计算税额

    C. 自动预填申报　　　　　　D. 自动发起扣款

参考答案：ABC

13. 维护纳税人缴费人合法权益主要内容有（　　）。

    A. 完善纳税人缴费人权利救济和税费争议解决机制，畅通诉求有效收集、快速响应和及时反馈渠道

    B. 探索实施大企业税收事先裁定并建立健全相关制度

    C. 健全纳税人缴费人个人信息保护等制度，依法加强税费数据查询权限和留痕等管理，严格保护纳税人缴费人及扣缴义务人的商业秘密、个人隐私等，严防个人信息泄露和滥用等

    D. 税务机关和税务人员违反有关法律法规规定、因疏于监管造成重大损失的，依法严肃追究责任

参考答案：ABCD

14. 精准实施税务监管包括（　　）。

    A. 建立健全以"信用＋风险"为基础的新型监管机制

    B. 加强重点领域风险防控和监管

    C. 依法严厉打击涉税违法犯罪行为

    D. 维护纳税人缴费人合法权益

参考答案：ABC

15. 建立健全以"信用＋风险"为基础的新型监管机制的主要内容有（　　）。

　　A. 健全守信激励和失信惩戒制度，充分发挥纳税信用在社会信用体系中的基础性作用

　　B. 建立健全纳税缴费信用评价制度，对纳税缴费信用高的市场主体给予更多便利

　　C. 在全面推行实名办税缴费制度基础上，实行纳税人缴费人动态信用等级分类和智能化风险监管，既以最严格的标准防范逃避税，又避免影响企业正常生产经营

　　D. 健全以"数据集成＋优质服务＋提醒纠错＋依法查处"为主要内容的自然人税费服务与监管体系

　　E. 依法加强对高收入高净值人员的税费服务与监管

参考答案：ABCDE

16. 加强重点领域风险防控和监管。对逃避税问题多发的行业、地区和人群，根据税收风险适当提高"双随机、一公开"抽查比例。对哪些行为，加强预防性制度建设，加大依法防控和监督检查力度（　　）。

　　A. 隐瞒收入

　　B. 虚列成本

　　C. 转移利润

　　D. 利用"税收洼地"、"阴阳合同"和关联交易等逃避税

参考答案：ABCD

17. 根据深化税收征管改革的意见要求，依法严厉打击涉税违法犯罪行为的主要内容有（　　）。

　　A. 充分发挥税收大数据作用，依托税务网络可信身份体系对发票开具、使用等进行全环节即时验证和监控，实现对虚开骗税等违法犯罪行为惩处从事后打击向事前事中精准防范转变

　　B. 健全违法查处体系，充分依托国家"互联网＋监管"系统多元数据汇聚功能，精准有效打击"假企业"虚开发票、"假出口"骗取退税、"假申报"骗取税费优惠等行为，保障国家税收安全

C. 对重大涉税违法犯罪案件，依法从严查处曝光并按照有关规定纳入企业和个人信用记录，共享至全国信用信息平台

D. 对隐瞒收入、虚列成本、转移利润以及利用"税收洼地"、"阴阳合同"和关联交易等逃避税行为，加强预防性制度建设，加大依法防控和监督检查力度

参考答案：ABC

18. 持续深化拓展税收共治格局包括（ ）。

A. 加强部门协作　　　　　　B. 加强社会协同

C. 强化税收司法保障　　　　D. 强化国际税收合作

参考答案：ABCD

19. 加强部门协作的主要内容包括（ ）。

A. 大力推进会计核算和财务管理信息化，通过电子发票与财政支付、金融支付和各类单位财务核算系统、电子档案管理信息系统的衔接，加快推进电子发票无纸化报销、入账、归档、存储

B. 持续深化"银税互动"，助力解决小微企业融资难融资贵问题

C. 健全守信激励和失信惩戒制度，充分发挥纳税信用在社会信用体系中的基础性作用

D. 加强情报交换、信息通报和执法联动，积极推进跨部门协同监管

参考答案：ABD

20. 强化税收司法保障的主要内容有（ ）。

A. 公安部门要强化涉税犯罪案件查办工作力量，做实健全公安派驻税务联络机制

B. 实行警税双方制度化、信息化、常态化联合办案，进一步畅通行政执法与刑事执法衔接工作机制

C. 检察机关发现负有税务监管相关职责的行政机关不依法履责的，应依法提出检察建议

D. 完善涉税司法解释，明晰司法裁判标准

参考答案：ABCD

21. 强化国际税收合作的主要内容有（ ）。

A. 深度参与数字经济等领域的国际税收规则和标准制定，持续推动

全球税收治理体系建设

B. 落实防止税基侵蚀和利润转移行动计划，严厉打击国际逃避税，保护外资企业合法权益，维护我国税收利益

C. 不断完善"一带一路"税收征管合作机制，支持发展中国家提高税收征管能力

D. 进一步扩大和完善税收协定网络，加大跨境涉税争议案件协商力度，实施好对所得避免双重征税的双边协定，为高质量引进来和高水平走出去提供支撑

参考答案：ABCD

22. 根据深化税收征管改革的意见要求，强化税务组织保障包括（　　）。

A. 优化征管职责和力量　　　　B. 加强征管能力建设

C. 改进提升绩效考评　　　　　D. 强化税收司法保障

参考答案：ABC

23. 优化征管职责和力量。强化市县税务机构在日常性服务、涉税涉费事项办理和风险应对等方面的职责，适当上移全局性、复杂性税费服务和管理职责。不断优化业务流程，合理划分业务边界，科学界定岗位职责，建立健全闭环管理机制。加大人力资源向（　　）等领域倾斜力度，增强税务稽查执法力量。

A. 纳税服务　　　　　　　　　B. 风险管理

C. 税费分析　　　　　　　　　D. 大数据应用

参考答案：BCD

24. 根据深化税收征管改革的意见要求，认真抓好贯彻实施包括（　　）。

A. 加强组织领导　　　　　　　B. 加强跟踪问效

C. 加强税务稽查　　　　　　　D. 加强宣传引导

参考答案：ABD

三、判断

1. 确保税费优惠政策直达快享。2023 年实现依法运用大数据精准推送优惠政策信息，促进市场主体充分享受政策红利。　　　　　　　（　）

参考答案：×

【确保税费优惠政策直达快享。2022 年实现依法运用大数据精准推送优惠政策信息，促进市场主体充分享受政策红利。】

2. 切实减轻办税缴费负担。积极通过信息系统采集数据，加强部门间数据共享，着力减少纳税人缴费人重复报送。全面推行税务证明事项告知承诺制，拓展容缺办理事项，持续扩大涉税资料由事前报送改为留存备查的范围。　　　　　　　　　　　　　　　　　　　　　（　）

参考答案：√

3. 加强社会协同。积极发挥行业协会和社会中介组织作用，支持第三方按市场化原则为纳税人提供个性化服务，加强对涉税中介组织的执业监管和行业监管。大力开展税费法律法规的普及宣传，持续深化青少年税收法治教育，发挥税法宣传教育的预防和引导作用，在全社会营造诚信纳税的浓厚氛围。　　　　　　　　　　　　　　　　　　　　　　　　　（　）

参考答案：√

4. 加强征管能力建设。坚持更高标准、更高要求，着力建设德才兼备的高素质税务执法队伍，加大税务领军人才和各层次骨干人才培养力度。高质量建设和应用学习兴税平台，促进学习日常化、工作学习化。（　）

参考答案：√

5. 改进提升绩效考评。在实现税务执法、税费服务、税务监管行为全过程记录和数字化智能归集基础上，推动绩效管理渗入业务流程、融入岗责体系、嵌入信息系统，对税务执法等实施自动化考评，将法治素养和依法履职情况作为考核评价干部的重要内容，促进工作质效持续提升。（　）

参考答案：√

6. 加强跟踪问效。在税务领域深入推行"好差评"制度，适时开展监督检查和评估总结，减轻基层负担，促进执法方式持续优化、征管效能持续

提升。 （ ）

参考答案：√

7. 加强宣传引导。基层税务局要会同有关部门认真做好宣传工作，准确解读便民利企政策措施，及时回应社会关切，正确引导社会预期，营造良好舆论氛围。 （ ）

参考答案：×

【加强宣传引导。税务总局要会同有关部门认真做好宣传工作，准确解读便民利企政策措施，及时回应社会关切，正确引导社会预期，营造良好舆论氛围。】

四、实务题

近年来，我国税收制度改革不断深化，税收征管体制持续优化，纳税服务和税务执法的规范性、便捷性、精准性不断提升。为深入推进税务领域"放管服"改革，完善税务监管体系，打造市场化法治化国际化营商环境，更好服务市场主体发展，中共中央办公厅、国务院办公厅印发了《关于进一步深化税收征管改革的意见》，并发出通知，要求各地区各部门结合实际认真贯彻落实。请回答以下相关问题：

1. 下列关于发票电子化的表述有误的是（ ）。

A. 电子专票由各省税务局监制，采用电子签名代替发票专用章，属于增值税专用发票，其法律效力、基本用途、基本使用规定等与增值税纸质专用发票相同

B. 税务机关按照电子专票和纸质专票的合计数，为纳税人核定增值税专用发票领用数量

C. 电子专票和纸质专票的增值税专用发票（增值税税控系统）最高开票限额可以不同

D. 税务机关向新办纳税人免费发放税务 UKey，并依托增值税电子发票公共服务平台，为纳税人提供免费的电子专票开具服务

参考答案：C

2. 持续扩大跨省经营企业全国通办涉税涉费事项范围，哪一年基本实现全国通办（　　）。

　　A. 2022 年　　　　B. 2023 年　　　　C. 2024 年　　　D. 2025 年

参考答案：D

3. 持续压减纳税缴费次数和时间。扩大部门间数据共享范围，加快企业出口退税事项全环节办理速度，2022 年税务部门办理正常出口退税的平均时间压缩至多少个工作日以内（　　）。

　　A. 5 个工作日　　　　　　　　B. 6 个工作日

　　C. 7 个工作日　　　　　　　　D. 10 个工作日

参考答案：B

4. 到 2025 年，深化税收征管改革主要目标是深化税收征管制度改革取得显著成效，基本建成功能强大的智慧税务，形成国内一流的智能化行政应用系统，全方位提高税务哪些能力（　　）。

　　A. 执法　　　　B. 服务　　　　C. 改革　　　　D. 监管

参考答案：ABD

5. 逐步改变以表单为载体的传统申报模式，到哪一年基本实现信息系统自动提取数据、自动计算税额、自动预填申报，纳税人缴费人确认或补正后即可线上提交（　　）。

　　A. 2022 年　　　　B. 2023 年　　　　C. 2024 年　　　D. 2025 年

参考答案：B

第三章　税收征管操作规范基础事项与法律事项

必知考试大纲

初级	中级	高级
1.了解纳税人类型事项管理中以下业务操作规范：主管税务机关及科所分配、税（费）种认定、出口退（免）税企业分类管理、增值税与消费税汇总纳税报告、税务认定资格取消、涉税信息查询管理 2.了解税务行政许可申请事项的操作规范 3.了解优惠核实确认事项管理中税收减免核准、税收优惠目录维护、税收优惠日常核实的操作规范 4.了解税收核定管理事项中定期定额户核定及调整、居民企业所得税核定、个人所得税核定、印花税核定的操作规范 5.了解退（抵）税（费）事项管理中一般退（抵）税管理、税收收入退还书开具的操作规范	1.熟悉纳税人类型事项管理中以下业务操作规范：临时身份建立、社会保险参保缴费信息关联管理、扣缴义务人指定、委托代征管理、企业集团及其成员单位信息采集相关事项、税收调查企业认定管理事项 2.熟悉税务行政许可调整、注销事项的操作规范 3.熟悉优惠核实确认事项管理中优惠事项后续核查的操作规范 4.熟悉税收核定管理事项中非居民企业所得税核定、土地增值税清算核定、环境保护税（调整）核定、增值税进项税额扣除标准核定、计税价格核定管理、核定应纳税额、应认定未认定增值税一般纳税人销售额调整、非居民企业所得税汇算清缴审核的操作规范 5.熟悉退（抵）税（费）事项管理中出口货物劳务及服务免退税管理、出口货物劳务及服务免抵退税管理、出口货物劳务及服务其他涉税事项、社会保险费退费申请管理的操作规范	1.掌握纳税人类型事项管理中以下业务操作规范：重点税源纳税人认定、退（免）税需实行特定管理企业确认、境外注册中资控股居民企业认定、自然人并档管理、股权转让电子台账信息采集 2.掌握税务行政许可事项管理要点 3.掌握税收优惠管理要点 4.掌握税收核定管理要点 5.掌握退（抵）税（费）管理要点 6.掌握逾期及欠税管理要点

第一节　税务管理基础事项

续表

	初级	中级	高级
第一节　税务管理基础事项	6. 了解逾期及欠税事项管理中催报催缴管理、欠税管理的操作规范 7. 了解税务代保管资金事项管理中税务代保管资金收取、税务代保管资金支付的操作规范 8. 了解调查协查事项管理中涉及调查核实的操作规范 9. 了解通知及送达事项管理中税务事项通知、文书送达的操作规范 10. 了解外部信息采集交互事项管理中信息收集、简易注销信息反馈、注销车辆购置税档案信息的操作规范 11. 了解凭证及证件事项管理中涉及票证管理的操作规范 12. 了解征缴管理中缴（退）库凭证销号、对账管理的操作规范	6. 熟悉逾期及欠税事项管理中逾期及未按期申报抵扣管理、不予加收滞纳金确认的操作规范 7. 了解税务代保管资金事项管理中税务代保管资金收入报告的操作规范 8. 了解预约定价安排谈签与执行的操作规范 9. 熟悉调查协查事项管理中函调管理、涉税事项内部移送的操作规范 10. 熟悉通知及送达事项管理的操作规范 11. 熟悉外部信息采集交互事项管理中环保复核处理、情报交换的操作规范 12. 熟悉凭证及证件事项管理中发票印制调拨、税务检查证管理的操作规范 13. 熟悉征缴管理中票款损失管理、税务代保管资金利息缴库、海关代征税款录入的操作规范	7. 掌握税务代保管资金管理要点 8. 掌握预约定价谈签与执行事项管理规范 9. 掌握调查协查管理要点 10. 掌握外部信息采集交互管理要点 11. 掌握情报交换管理要点 12. 掌握凭证及证件管理要点 13. 掌握征缴管理要点
第二节　法律追责与救济事项	1. 熟悉违法处置业务的处理 2. 了解税款追征业务的处理 3. 了解税务行政复议、税务行政诉讼、税务行政赔偿的处理	1. 掌握违法处置业务的规则、规定、程序与管理要点 2. 熟悉税款追征业务的规则、规定、程序与管理要点 3. 熟悉行政救济业务的规则、规定、程序与管理要点	1. 掌握违法处置业务管理重点与难点 2. 掌握税款追征业务的管理重点与难点 3. 掌握行政救济的管理重点与难点

必懂复习策略

　　本章主要由两部分组成，即税务管理基础事项和法律追责与救济事项。税务管理基础事项主要内容有纳税人类型事项管理、税务行政许可、优惠核实确认事项管理、税收核定管理事项、退（抵）税（费）事项管理、逾期及欠税管理、税务代保管资金管理、预约定价谈签与执行事项管理、掌握调查协查管理、外部信息采集交互管理、情报交换管理、凭证及证件管理、征缴管理等。这些事项是税收征收管理的基础事项，其中纳税人类型事项管理、税务行政许可、优惠核实确认事项管理、税收核定管理事项、退（抵）税（费）事项管理、逾期及欠税管理应重点复习。法律追责与救济事项内容主要有违法处置业务管理、税款追征业务的管理重、行政救济等，其中应重点关注行政救济方面的内容。

　　本章对初级考生的要求为了解基本内容，中级考生熟悉相关管理内容，对高级考生的要求为掌握相关要点及重点难点。

![必会核心知识]

■　《税收征管操作规范》将基础管理事项梳理为下列事项：纳税人类型管理、税务行政许可、优惠管理、核定管理、退税（费）管理、逾期及欠税管理、税务代保管资金管理等 13 类事项。

■　对依法不需要办理税务登记、扣缴税款登记等主体登记的组织，在申请办理代开发票等涉税业务，或者税务机关依职权对其发起稽查、法制等涉税业务时，可以使用组织临时登记建立临时税收档案。

■　税务机关应与代征人签订《委托代征协议书》，明确委托代征相关事宜，不得将法律、行政法规已确定的代扣代缴、代收代缴税收，委托他人代征。《委托代征协议书》有效期最长不得超过 3 年。《委托代征协议书》签订后，税务机关应向代征人提供受托代征税款所需的税收票证、报表。

■　税务机关根据受托代征人相关情形，或受托代征人申请，结清代征税款，缴销代征业务所需的税收票证和发票，收回《委托代征证书》，结清代征手续费，制作《终止委托代征协议通知书》。

■　用人单位参保缴费信息关联是将社保经办机构的用人单位参保登记信息和税务部门税务登记信息关联起来。进行用人单位社保费参保缴费信息关联前，须进行过税务主体登记。

■　灵活就业人员参保缴费信息关联可以变更，不能注销；城乡居民缴费关联登记信息可以变更，不能注销。

■　税务行政许可调整包含变更税务行政许可、撤回（变更）税务行政许可、撤销税务行政许可、税务行政许可延期决定、延续税务行政许可等 5 类事项。

■　税务机关对有税务行政许可的纳税人（申请人）的许可活动事项进行核查时，发现其存在应当被注销行政许可的情形时，由税务人员收回税务行政许可证件，或缴销经过税务行政许可批准的发票后，填写注销税务行政许可相关信息，并传递给审批人员。

■　税务机关发现被许可人存在下列情形之一时，应当依法办理税务行政许可注销手续：（1）行政许可有效期届满未延续的（2）赋予公民特定资格的行政许可，该公民死亡或者丧失行为能力的（3）法人或者其他组织依法终止的（4）行政许可依法被撤销、撤回，或者行政许可证件依法被吊销的（5）因不可抗力导致行政许可事项无法实施的等等。

■ 单笔在 5000 万元以上（含本数）的延期缴纳税款申请的核准属于重大执法决定，应当按规定进行重大执法决定法制审核。

■ 对纳税人变更纳税定额的核准事项在 15 日内不能作出决定时，经本税务机关负责人批准，可以延长 5 个工作日，并制作《税务行政许可延期决定告知书》，将延长期限的理由告知申请人。法律、法规另有规定的，依照其规定。

■ 自 2017 年 5 月 1 日起，实行实名办税的地区，已由税务机关现场采集法定代表人（业主、负责人）实名信息的纳税人，申请增值税专用发票最高开票限额不超过十万元的，主管税务机关应自受理申请之日起 2 个工作日内办结，有条件的主管税务机关即时办结。即时办结的，直接出具和送达《准予税务行政许可决定书》，不再出具《税务行政许可受理通知书》。

■ 增值税专用发票最高开票限额申请受理（限额百万元以上）申请，对不能当场作出决定的，应当自受理行政许可申请之日起 10 个工作日内作出行政许可决定；10 个工作日内不能作出决定的，经本税务机关负责人批准，可以延长 5 个工作日，并制作《税务行政许可决定延期告知书》，将延长期限的理由告知申请人。法律、法规另有规定的，依照其规定。

■ 经核准延期办理申报、报送材料的，应当在纳税期内按照上期实际缴纳的税款预缴税款，并在核准的延期内办理税款结算。上期实际缴纳的税款与本期纳税人实际生产经营情况有较大出入的，税务机关可按规定对预缴税款进行核定，核定时应根据所掌握的纳税人实际生产经营情况和其他与纳税人有关的情况，合理测算纳税人本期应当预缴的税额，避免预缴税额与应纳税额差异过大。

■ 税收核定事项包括定期定额户核定及调整、企业所得税核定、非居民企业所得税核定、房地产交易价格核定、土地增值税清算核定、个人所得税核定、印花税核定、社会保险费核定、其他税种核定、增值税进项税额扣除标准核定、计税价格核定管理、核定应纳税额、应认定未认定增值税一般纳税人销售额调整和非居民企业所得税汇算清缴审核。

■ 居民企业依照法律、行政法规的规定可以不设置账簿的、应当设置但未设置账簿的、擅自销毁账簿或者拒不提供纳税资料的、申报的计税依据明显偏低又无正当理由的、发生纳税义务未按期办理申报、经税务机关责令限期申报逾期仍不申报的、虽设置账簿但账目混乱或者成本资料、收入凭证、费用凭证残缺不全的，存在上述情形之一的，核定征收企业所得税。

■ 主管税务机关发现以下情况，向居民企业纳税人发放《企业所得税核定征收鉴定表》。主管税务机关在管理中发现或者纳税人主动向税务机关报告，纳税人生产经营范围、主营业务发生重大变化，或者应纳税所得额或应纳税额增减变化达到20%的；由风险指标监控提醒纳税人应到税务机关进行企业所得税调整核定而未调整的；符合企业所得税核定征收条件的；需要重新核定应纳企业所得税额或应税所得率的。

■ 非居民企业因企业会计账簿不健全，资料残缺难以查账，或者其他原因不能准确计算并据实申报其应纳税所得额的，税务机关有权采用一定方法核定其应纳税所得额。

■ 主管税务机关应及时向非居民企业送达《非居民企业所得税征收方式鉴定表》。非居民企业应在收到《鉴定表》后10个工作日内，完成《鉴定表》的填写并送达主管税务机关。

■ 税务机关有权采取以下方法对非居民企业核定应纳税所得额：①按收入总额核定应纳税所得额；②按成本费用核定应纳税所得额；③按经费支出换算收入核定应纳税所得额。主管税务机关在受理《非居民企业所得税征收方式鉴定表》后20个工作日内，完成该项征收方式的确认工作。

■ 税务机关依职权对纳税人进行土地增值税清算核定工作。

■ 实行环境保护税核定征收的纳税人因经营情况发生变化，需要重新核定环境保护税的，向主管税务机关提出调整环境保护税核定申请。纳税人对税务机关核定的环境保护税应纳税额有异议的，应当提供相关证据，经税务机关认定后，调整核定的应纳税额。

■ 税务机关依职权核定征收环境保护税，应向纳税人发放《税务事项通知书》（环境保护税（调整）核定通知），注明环境保护税核定征收的种类、数量应纳税额、税款缴纳期限及申报缴税方式。

■ 以购进农产品为原料生产销售液体乳及乳制品、酒及酒精、植物油的增值税一般纳税人，纳入农产品增值税进项税额核定扣除试点范围，其购进农产品无论是否用于生产上述产品，增值税进项税额均按照农产品增值税进项税额核定扣除试点实施办法有关规定抵扣。

■ 办税服务厅对省局核定后的增值税进项税额扣除核定结果，制作《税务事项通知书》（增值税进项税额扣除标准核定通知）送达纳税人执行，纳税人按规定进行增值税进项税额扣除。

■ 白酒消费税最低计税价格为省、自治区、直辖市和计划单列市税务局核定。白酒消费税最低计税价格核定完成后，由核定税务机关在规定的时限内逐级反馈至生产企业主管税务机关，由其反馈至纳税人，向纳税人发放。

■ 适用免退税办法的出口企业在货物劳务报关出口、视同出口或发生增值税跨境应税行为并按会计规定做销售后，须在做销售的次月增值税纳税申报期内，向主管税务机关办理增值税纳税申报及消费税免税申报。

■ 企业应在货物报关出口之日（以出口货物报关单〈出口退税专用〉上的出口日期为准）次月起至次年 4 月 30 日前的各增值税纳税申报期内收齐有关凭证，向主管税务机关申报办理出口货物增值税免抵退税及消费税退税。纳税人出口货物劳务、发生跨境应税行为，未在规定期限内申报出口退（免）税或者开具《代理出口货物证明》的，在收齐退（免）税凭证及相关电子信息后，即可申报办理出口退（免）税；未在规定期限内收汇或者办理不能收汇手续的，在收汇或者办理不能收汇手续后，即可申报办理退（免）税。

■ 税务机关发现纳税人超过应纳税额多缴的税款，应当立即退还。纳税人多缴税款的，自结算缴纳税款之日起三年内发现的，可以向税务机关要求退还多缴的税款并加算银行同期存款利息，税务机关应该依照税收法律法规及相关规定办理退还手续。

■ 纳税人经批准符合政策规范可以享受减免的税款，由于此前已经缴纳入库，纳税人可以申请退抵已缴纳的税款。主管税务机关受理纳税人提交的《退（抵）税申请表》，申请退抵税（费）额不能大于纳税人已入库税额；纳税人既有应退税款又有欠缴税款的，税务机关可以将纳税人的应退税款和利息先抵扣欠缴的税款；抵扣后有余额的，办理应退余额的退库。纳税人有欠税（不包括呆账）的，退抵税（费）方式应选择先抵欠税，办理完抵欠后仍有余额的，才选择退库处理。

■ 对出口企业符合规定的退（免）税申报，主管税务机关应按照规定办结相关手续；对不符合规定的，应将具体内容及处理意见一次性书面告知出口企业。

■ 对于税务机关误收，或缴费人多缴而产生的应退还给缴费人的费款，符合规定的，主管税务机关核验后将退费信息传递给人社或医保部门，由人社或医保部门将款项退还缴费人，并定期将已办理的退费信息传递至税务机关进行退费销号。

■ 纳税人未按照规定期限缴纳税款的，扣缴义务人未按照规定期限解缴税款的，税务机关除责令限期缴纳外，从滞纳税款之日起，按日加收滞纳税款万分之五的滞纳金。自 2020 年 3 月 1 日起，对纳税人、扣缴义务人、纳税担保人应缴纳的欠税及滞纳金不再要求同时缴纳，可以先行缴纳欠税，再依法缴纳滞纳金。

■ 因税务机关的责任，致使纳税人、扣缴义务人未缴或者少缴税款的，税务机关在三年内可以要求纳税人、扣缴义务人补缴税款，但是不得加收滞纳金。

■ 纳税人善意取得虚开的增值税专用发票且购货方不知取得的增值税专用发票是以非法手段获得的，又被依法追缴已抵扣税款的，不适用税务机关加收滞纳金的规定情形。

■ 由于电子缴税故障等非纳税人、扣缴义务人原因，致使纳税人、扣缴义务人未缴或少缴税款而产生的滞纳金，税务机关依职权不予加收滞纳金的，即时办结。其他情形不予加收滞纳金，3 个工作日办结。

■ 税务机关收取税务代保管资金应当填制《税务代保管资金收入报告单》，经税务机关主要负责人批准，存入税务代保管资金账户。

■ 纳税人、扣缴义务人、纳税担保人或其他当事人以转账方式缴纳税务代保管资金的，税务机关应当在收到银行进账回执联或收账通知单后开具《税务代保管资金专用收据》。

■ 纳税人、扣缴义务人、纳税担保人或其他当事人以现金交纳税务代保管资金的，税务机关应当当场开具《税务代保管资金专用收据》，并按限期、限额的规定及时汇总存入税务代保管资金账户，但限期最长不超过

10 天。

■ 税务机关向纳税人、扣缴义务人通知有关税务事项时使用《税务事项通知书》。除法定的专用通知书外，税务机关在通知纳税人缴纳税款、滞纳金，要求当事人提供有关资料，办理有关涉税事项时均可使用此文书。

■ 税务机关依法对单位缴费情况进行检查时，被检查的单位应当提供缴纳社会保险费有关的用人情况、工资表、财务报表等资料。如果需要询问被检查单位，制作《社会保险费缴费评估（检查）约谈通知书》和《社会保险费缴费评估（检查）约谈笔录》进行相关处理。

■ 采取直接送达、委托送达方式送达的，由两个以上送达人持《税务文书送达回证》及税务文书，将税务文书送达给文书受送达人，根据送达情况由文书受送达人、代收人、见证人、送达人在《税务文书送达回证》的相关栏目签字、盖章。

■ 如果同一送达事项的受送达人众多，或者采用上述规定的其他送达方式无法送达，送达人可以公告送达税务文书，自公告之日起满 30 日，即视为送达。

■ 直接或者委托送达税务文书的，以签收人或者见证人在送达回证上的签收或者注明的收件日期为送达日期；邮寄送达的，以挂号函件回执上注明的收件日期为送达日期，并视为已送达。

■ 行政处罚的种类有：（1）警告、通报批评；（2）罚款、没收违法所得、没收非法财物；（3）暂扣许可证件、降低资质等级、吊销许可证件；（4）限制开展生产经营活动、责令停产停业、责令关闭、限制从业；（5）行政拘留；（6）法律、行政法规规定的其他行政处罚。

■ 法律、法规、规章规定可以给予行政处罚，当事人首次违反且情节轻微，并在税务机关发现前主动改正的或者在税务机关责令限期改正的期限内改正的，不予行政处罚。

■ 根据《中华人民共和国行政处罚法》的规定，简易处罚是当场作出行政处罚决定，并不需要审批。

■ 有下列情形之一，在行政机关负责人作出行政处罚的决定之前，应当由从事行政处罚决定法制审核的人员进行法制审核；未经法制审核或者审核未通过的，不得作出决定：（1）涉及重大公共利益的；（2）直接关系当事人或者第三人重大权益，经过听证程序的；（3）案件情况疑难复杂、涉及多个法律关系的；（4）法律、法规规定应当进行法制审核的其他情形。

■ 行政机关应当自行政处罚案件立案之日起九十日内作出行政处罚决定。法律、法规、规章另有规定的，从其规定。

■ 复议机关收到行政复议申请后，应当在 5 个工作日内对申请资料内容进行审查。审查的主要内容有：①管辖权审查；②申请材料审查；③对申请人的有关法定资格、条件等进行审查。

■ 行使税务行政处罚裁量权，应当遵循以下原则：（1）合法原则（2）合理原则（3）公平公正原则（4）公开原则（5）程序正当原则（6）信赖保护原则（7）处罚与教育相结合原则。

■ 税务行政复议审查完毕，对不符合法定条件的申请，应当在复议机关收到申请的 5 个工作日内决定不予受理，制作《不予受理行政复议申请决定书》送达申请人。

■ 税务行政复议审查完毕，符合全部法定条件的复议申请，自复议机关的法制机构收到申请之日起受理；受理行政复议申请，应当制作《受理行政复议申请通知书》送达申请人。

■ 税款追征措施包括：责令限期缴纳税（费）款、纳税担保、税收保全、强制执行、行使代位权、撤销权、阻止出境、审计（财政）监督检查决定意见处理。

■ 税务机关对在规定期限内不缴或者少缴应纳、应解缴、应担保税（费）款的纳税人、扣缴义务人、纳税担保人、缴费人，或者有逃避纳税义务行为的从事生产、经营的纳税人、缴费人，责令其限期缴纳税（费）款。

■ 纳税人为保证按时足额缴纳税款及滞纳金，由纳税人或第三人向税务机关提出申请，以其未设置担保物权或未全部设置担保物权的财产向税务机关提供担保，或由税务机关认可的纳税保证人为纳税人提供纳税保证。

■ 税务机关发现税务行政相对人在税款、滞纳金、罚款限缴期限到期后仍不缴纳时，经催告后，通知银行或其他金融机构扣缴税务行政相对人的存款或扣押、查封、拍卖、变卖部分财产以抵缴税款、滞纳金或罚款。

■ 税务行政相对人同税务机关发生纳税争议时，须依照法律、法规确定的税额、期限，先行缴纳或者解缴税款和滞纳金，或者提供相应的担保，才可以依法申请行政复议；对行政复议决定不服的，可以向人民法院起诉。

■ 行政救济主要包括：税务行政复议、税务行政诉讼、税务行政赔偿、税务行政补偿、申请税务人员回避处理、重新作出行政行为处理。

必 考 点 检 测 训 练

一、单项选择

1. 下列表述有误的是（　　）。

    A. 用人单位参保缴费信息关联是将社保经办机构的用人单位参保登记信息和税务部门税务登记信息关联起来

    B. 进行用人单位社保费参保缴费信息关联前，须进行过税务主体登记

    C. 灵活就业人员参保缴费信息关联可以变更，也可以注销

    D. 城乡居民缴费关联登记信息可以变更，不能注销

参考答案：C

2. 自 2017 年 5 月 1 日起，实行实名办税的地区，已由税务机关现场采集法定代表人（业主、负责人）实名信息的纳税人，申请增值税专用发票最高开票限额不超过十万元的，主管税务机关应自受理申请之日起（　　）个工作日内办结，有条件的主管税务机关即时办结。即时办结的，直接出具和送达《准予税务行政许可决定书》，不再出具《税务行政许可受理通知书》。

    A. 2　　　　　　B. 3　　　　　　C. 5　　　　　　D. 10

参考答案：A

3. 增值税专用发票最高开票限额申请受理（限额百万元以上）申请，对不能当场作出决定的，应当自受理行政许可申请之日起 10 个工作日内作出行政许可决定；10 个工作日内不能作出决定的，经本税务机关负责人批准，可以延长（　　）个工作日，并制作《税务行政许可决定延期告知书》，将延长期限的理由告知申请人。法律、法规另有规定的，依照其规定。

A. 2　　　　　B. 3　　　　　C. 5　　　　　D. 7

参考答案：C

4. 下列表述有误的是（　　）。

  A. 非居民企业因企业会计账簿不健全，资料残缺难以查账，或者其他原因不能准确计算并据实申报其应纳税所得额的，税务机关有权采用一定方法核定其应纳税所得额

  B. 主管税务机关应及时向非居民企业送达《非居民企业所得税征收方式鉴定表》

  C. 非居民企业应在收到《鉴定表》后 15 个工作日内，完成《鉴定表》的填写并送达主管税务机关

  D. 主管税务机关在受理《非居民企业所得税征收方式鉴定表》后 20 个工作日内，完成该项征收方式的确认工作

参考答案：C

5. 下列表述有误的是（　　）。

  A. 对出口企业符合规定的退（免）税申报，主管税务机关应按照规定办结相关手续；对不符合规定的，应将具体内容及处理意见一次性书面告知出口企业

  B. 对于税务机关误收，或缴费人多缴而产生的应退还给缴费人的费款，符合规定的，主管税务机关核验后将退费信息传递给人社或医保部门，由人社或医保部门将款项退还缴费人，并定期将已办理的退费信息传递至税务机关进行退费销号

  C. 纳税人未按照规定期限缴纳税款的，扣缴义务人未按照规定期限解缴税款的，税务机关除责令限期缴纳外，从滞纳税款之日起，按日加收滞纳税款万分之五的滞纳金

  D. 对纳税人、扣缴义务人、纳税担保人应缴纳的欠税及滞纳金要求同时缴纳

参考答案：D

6. 下列表述有误的是（　　）。

  A. 税务机关收取税务代保管资金应当填制《税务代保管资金收入报告单》，经税务机关主要负责人批准，存入税务代保管资金账户

B. 纳税人、扣缴义务人、纳税担保人或其他当事人以转账方式缴纳税务代保管资金的，税务机关应当在收到银行进账回执联或收账通知单后开具《税务代保管资金专用收据》

C. 纳税人、扣缴义务人、纳税担保人或其他当事人以现金交纳税务代保管资金的，税务机关应当当场开具《税务代保管资金专用收据》

D. 以现金交纳税务代保管资金的，税务机关按限期、限额的规定及时汇总存入税务代保管资金账户，限期最长不超过 15 天

参考答案：D

7. 下列表述有误的是（　　）。

A. 采取直接送达、委托送达方式送达的，由两个以上送达人持《税务文书送达回证》及税务文书，将税务文书送达给文书受送达人，根据送达情况由文书受送达人、代收人、见证人、送达人在《税务文书送达回证》的相关栏目签字、盖章

B. 如果同一送达事项的受送达人众多，或者采用上述规定的其他送达方式无法送达，送达人可以公告送达税务文书，自公告之日起满 15 日，即视为送达

C. 直接或者委托送达税务文书的，以签收人或者见证人在送达回证上的签收或者注明的收件日期为送达日期

D. 邮寄送达的，以挂号函件回执上注明的收件日期为送达日期，并视为已送达

参考答案：B

8. 复议机关收到行政复议申请后，应当在（　　）个工作日内对申请资料内容进行审查。审查的主要内容有：①管辖权审查；②申请材料审查；③对申请人的有关法定资格、条件等进行审查。

A. 3　　　　　　B. 5　　　　　　C. 10　　　　　　D. 15

参考答案：B

9. 下列属于行使税务行政处罚裁量权，应当遵循以下原则的有（　　）：（1）合法原则（2）合理原则（3）公平公正原则（4）公开原则（5）程序正当原则（6）信赖保护原则（7）处罚与教育相结合原则。

A．（1）（2）（3）（4）（5）

B．（1）（2）（3）（4）（5）（6）

C．（3）（4）（5）（6）（7）

D．（1）（2）（3）（4）（5）（6）（7）

参考答案：D

二、多选

1. 税务行政许可调整包含哪些事项（　　）。

　　A．变更税务行政许可

　　B．撤回（变更）税务行政许可

　　C．撤销税务行政许可

　　D．税务行政许可延期决定

　　E．延续税务行政许可

参考答案：ABCDE

2. 税务机关发现被许可人存在下列哪些情形时，应当依法办理税务行政许可注销手续（　　）。

　　A．行政许可有效期届满未延续的

　　B．赋予公民特定资格的行政许可，该公民死亡或者丧失行为能力的

　　C．法人或者其他组织依法终止的

　　D．行政许可依法被撤销、撤回，或者行政许可证件依法被吊销的

　　E．因不可抗力导致行政许可事项无法实施的

参考答案：ABCDE

3. 居民企业存在下列哪些情形的，核定征收企业所得税（　　）。

　　A．依照法律、行政法规的规定可以不设置账簿的、应当设置但未设置账簿的、虽设置账簿但账目混乱或者成本资料、收入凭证、费用凭证残缺不全的

　　B．擅自销毁账簿或者拒不提供纳税资料的

　　C．申报的计税依据明显偏低又无正当理由的

D. 发生纳税义务未按期办理申报、经税务机关责令限期申报逾期仍不申报的

参考答案：ABCD

4. 主管税务机关发现以下哪些情况，向居民企业纳税人发放《企业所得税核定征收鉴定表》（　　）。

A. 纳税人生产经营范围、主营业务发生重大变化，或者应纳税所得额或应纳税额增减变化达到20%的

B. 由风险指标监控提醒纳税人应到税务机关进行企业所得税调整核定而未调整的

C. 符合企业所得税核定征收条件的

D. 需要重新核定应纳企业所得税额或应税所得率的

参考答案：ABCD

5. 税务机关有权采取以下方法对非居民企业核定应纳税所得额（　　）。

A. 按收入总额核定应纳税所得额

B. 按成本费用核定应纳税所得额

C. 按经费支出换算收入核定应纳税所得额

D. 按同类企业同期应纳税所得额核定

参考答案：ABC

6. 下列表述正确的有（　　）。

A. 实行环境保护税核定征收的纳税人因经营情况发生变化，需要重新核定环境保护税的，向主管税务机关提出调整环境保护税核定申请

B. 纳税人对税务机关核定的环境保护税应纳税额有异议的，应当提供相关证据，经税务机关认定后，调整核定的应纳税额

C. 税务机关依职权核定征收环境保护税，应向纳税人发放《税务事项通知书》（环境保护税（调整）核定通知）

D. 《税务事项通知书》（环境保护税（调整）核定通知）应注明环境保护税核定征收的种类、数量应纳税额、税款缴纳期限及申报缴税方式

参考答案：ABCD

7. 下列关于退抵税的表述正确的有（　　）。

A. 纳税人经批准符合政策规范可以享受减免的税款，由于此前已经缴纳入库，纳税人可以申请退抵已缴纳的税款

B. 主管税务机关受理纳税人提交的《退（抵）税申请表》，申请退抵税（费）额不能大于纳税人已入库税额

C. 纳税人既有应退税款又有欠缴税款的，税务机关可以将纳税人的应退税款和利息先抵扣欠缴的税款；抵扣后有余额的，办理应退余额的退库

D. 纳税人有欠税（不包括呆账）的，退抵税（费）方式应选择先抵欠税，办理完抵欠后仍有余额的，才选择退库处理

参考答案：ABCD

8. 下列表述正确的有（　　）。

A. 税务机关向纳税人、扣缴义务人通知有关税务事项时使用《税务事项通知书》

B. 除法定的专用通知书外，税务机关在通知纳税人缴纳税款、滞纳金，要求当事人提供有关资料，办理有关涉税事项时均可使用《税务事项通知书》

C. 税务机关依法对单位缴费情况进行检查时，被检查的单位应当提供缴纳社会保险费有关的用人情况、工资表、财务报表等资料

D. 税务机关依法对单位缴费情况进行检查时，如果需要询问被检查单位，制作《社会保险费缴费评估（检查）约谈通知书》和《社会保险费缴费评估（检查）约谈笔录》进行相关处理

参考答案：ABCD

9. 行政处罚的种类有（　　）。

A. 警告、通报批评

B. 罚款、没收违法所得、没收非法财物

C. 暂扣许可证件、降低资质等级、吊销许可证件

D. 限制开展生产经营活动、责令停产停业、责令关闭、限制从业

E. 行政拘留

参考答案：ABCDE

10. 有下列哪些情形，在行政机关负责人作出行政处罚的决定之前，应当由从事行政处罚决定法制审核的人员进行法制审核；未经法制审核或者审核未通过的，不得作出决定（   ）。

    A. 涉及重大公共利益的

    B. 直接关系当事人或者第三人重大权益，经过听证程序的

    C. 案件情况疑难复杂、涉及多个法律关系的

    D. 法律、法规规定应当进行法制审核的其他情形

参考答案：ABCD

11. 下列表述正确的有（   ）。

    A. 税务行政复议审查完毕，对不符合法定条件的申请，应当在复议机关收到申请的 3 个工作日内决定不予受理，制作《不予受理行政复议申请决定书》送达申请人

    B. 税务行政复议审查完毕，对不符合法定条件的申请，应当在复议机关收到申请的 5 个工作日内决定不予受理，制作《不予受理行政复议申请决定书》送达申请人

    C. 税务行政复议审查完毕，符合全部法定条件的复议申请，自复议机关的法制机构收到申请之日起受理

    D. 受理行政复议申请，应当制作《受理行政复议申请通知书》送达申请人

参考答案：BCD

12. 属于税款追征措施的有（   ）。

    A. 责令限期缴纳税（费）款   B. 纳税担保

    C. 税收保全   D. 行使代位权

    E. 强制执行

参考答案：ABCDE

13. 下列表述正确的有（   ）。

    A. 税务机关对在规定期限内不缴或者少缴应纳、应解缴、应担保税（费）款的纳税人、扣缴义务人、纳税担保人、缴费人，或者有逃避纳税义务行为的从事生产、经营的纳税人、缴费人，责令其限期缴纳税（费）款

B. 纳税人为保证按时足额缴纳税款及滞纳金，由纳税人或第三人向税务机关提出申请，以其未设置担保物权或未全部设置担保物权的财产向税务机关提供担保，或由税务机关认可的纳税保证人为纳税人提供纳税保证

C. 税务机关发现税务行政相对人在税款、滞纳金、罚款限缴期限到期后仍不缴纳时，经催告后，通知银行或其他金融机构扣缴税务行政相对人的存款或扣押、查封、拍卖、变卖部分财产以抵缴税款、滞纳金或罚款

D. 税务行政相对人同税务机关发生纳税争议时，须依照法律、法规确定的税额、期限，先行缴纳或者解缴税款和滞纳金，或者提供相应的担保，才可以依法申请行政复议；对行政复议决定不服的，可以向人民法院起诉

参考答案：ABCD

14. 下列选项属于行政救济的有（　　）。

A. 税务行政复议　　　　　　　B. 税务行政诉讼

C. 税务行政赔偿　　　　　　　D. 税务行政补偿

E. 申请税务人员回避处理

参考答案：ABCDE

三、判断

1. 对依法不需要办理税务登记、扣缴税款登记等主体登记的组织，在申请办理代开发票等涉税业务，或者税务机关依职权对其发起稽查、法制等涉税业务时，应提办理税务登记。（　　）

参考答案：×

【对依法不需要办理税务登记、扣缴税款登记等主体登记的组织，在申请办理代开发票等涉税业务，或者税务机关依职权对其发起稽查、法制等涉税业务时，可以使用组织临时登记建立临时税收档案。】

2. 税务机关应与代征人签订《委托代征协议书》，明确委托代征相关事宜，不得将法律、行政法规已确定的代扣代缴、代收代缴税收，委托他人代

征。《委托代征协议书》有效期最长不得超过2年。　　　　　　（　　）

参考答案：×

【税务机关应与代征人签订《委托代征协议书》，明确委托代征相关事宜，不得将法律、行政法规已确定的代扣代缴、代收代缴税收，委托他人代征。《委托代征协议书》有效期最长不得超过3年。】

3. 税务机关根据受托代征人相关情形，或受托代征人申请，结清代征税款，缴销代征业务所需的税收票证和发票，收回《委托代征证书》，结清代征手续费，制作《终止委托代征协议通知书》。　　　　　　（　　）

参考答案：√

4. 税务机关对有税务行政许可的纳税人（申请人）的许可活动事项进行核查时，发现其存在应当被注销行政许可的情形时，由税务人员收回税务行政许可证件，或缴销经过税务行政许可批准的发票后，填写注销税务行政许可相关信息，并传递给审批人员。　　　　　　（　　）

参考答案：√

5. 单笔在5000万元以上（含本数）的延期缴纳税款申请的核准属于重大执法决定，应当按规定进行重大执法决定法制审核。　　　　　　（　　）

参考答案：√

6. 对纳税人变更纳税定额的核准事项在15日内不能作出决定时，经本税务机关负责人批准，可以延长15个工作日，并制作《税务行政许可延期决定告知书》，将延长期限的理由告知申请人。法律、法规另有规定的，依照其规定。　　　　　　（　　）

参考答案：×

【对纳税人变更纳税定额的核准事项在15日内不能作出决定时，经本税务机关负责人批准，可以延长5个工作日，并制作《税务行政许可延期决定告知书》，将延长期限的理由告知申请人。法律、法规另有规定的，依照其规定。】

7. 经核准延期办理申报、报送材料的，应当在纳税期内按照上期实际缴纳的税款预缴税款，并在核准的延期内办理税款结算。上期实际缴纳的税款与本期纳税人实际生产经营情况有较大出入的，也按上述要求处理。（　　）

参考答案：×

【经核准延期办理申报、报送材料的，应当在纳税期内按照上期实际缴纳的税款预缴税款，并在核准的延期内办理税款结算。上期实际缴纳的税款与本期纳税人实际生产经营情况有较大出入的，税务机关可按规定对预缴税款进行核定，核定时应根据所掌握的纳税人实际生产经营情况和其他与纳税人有关的情况，合理测算纳税人本期应当预缴的税额，避免预缴税额与应纳税额差异过大。】

8. 以购进农产品为原料生产销售液体乳及乳制品、酒及酒精、植物油的增值税一般纳税人，纳入农产品增值税进项税额核定扣除试点范围，其购进农产品无论是否用于生产上述产品，增值税进项税额均按照农产品增值税进项税额核定扣除试点实施办法有关规定抵扣。　　　　　　　　（　）

参考答案：√

9. 白酒消费税最低计税价格由市级税务局核定。白酒消费税最低计税价格核定完成后，由核定税务机关在规定的时限内逐级反馈至生产企业主管税务机关，由其反馈至纳税人，向纳税人发放。　　　　　　（　）

参考答案：×

【白酒消费税最低计税价格由省、自治区、直辖市和计划单列市税务局核定。白酒消费税最低计税价格核定完成后，由核定税务机关在规定的时限内逐级反馈至生产企业主管税务机关，由其反馈至纳税人，向纳税人发放。】

10. 适用免退税办法的出口企业在货物劳务报关出口、视同出口或发生增值税跨境应税行为并按会计规定做销售后，须在做销售的次月增值税纳税申报期内，向主管税务机关办理增值税纳税申报及消费税免税申报。（　）

参考答案：√

11. 税务机关发现纳税人超过应纳税额多缴的税款，应当立即退还。纳税人多缴税款的，自结算缴纳税款之日起五年内发现的，可以向税务机关要求退还多缴的税款并加算银行同期存款利息，税务机关应该依照税收法律法规及相关规定办理退还手续。　　　　　　　　　　（　）

参考答案：×

【税务机关发现纳税人超过应纳税额多缴的税款，应当立即退还。纳税人多缴税款的，自结算缴纳税款之日起三年内发现的，可以向税务机关要求退还多缴的税款并加算银行同期存款利息，税务机关应该依照税收法律法规及相关规定办理退还手续。】

12. 因税务机关的责任，致使纳税人、扣缴义务人未缴或者少缴税款

的，税务机关在三年内可以要求纳税人、扣缴义务人补缴税款，并加收滞纳金。 （ ）

参考答案：×

【因税务机关的责任，致使纳税人、扣缴义务人未缴或者少缴税款的，税务机关在三年内可以要求纳税人、扣缴义务人补缴税款，但是不得加收滞纳金。】

13. 纳税人善意取得虚开的增值税专用发票且购货方不知取得的增值税专用发票是以非法手段获得的，又被依法追缴已抵扣税款的，不适用税务机关加收滞纳金的规定情形。 （ ）

参考答案：√

14. 由于电子缴税故障等非纳税人、扣缴义务人原因，致使纳税人、扣缴义务人未缴或少缴税款而产生的滞纳金，税务机关依职权不予加收滞纳金的，即时办结。其他情形不予加收滞纳金，5个工作日办结。 （ ）

参考答案：×

【由于电子缴税故障等非纳税人、扣缴义务人原因，致使纳税人、扣缴义务人未缴或少缴税款而产生的滞纳金，税务机关依职权不予加收滞纳金的，即时办结。其他情形不予加收滞纳金，3个工作日办结。】

15. 法律、法规、规章规定可以给予行政处罚，当事人首次违反且情节轻微，并在税务机关发现前主动改正的或者在税务机关责令限期改正的期限内改正的，不予行政处罚。 （ ）

参考答案：√

16. 根据《中华人民共和国行政处罚法》的规定，简易处罚是当场作出行政处罚决定，并不需要审批。 （ ）

参考答案：√

17. 行政机关应当自行政处罚案件立案之日起六十日内作出行政处罚决定。法律、法规、规章另有规定的，从其规定。 （ ）

参考答案：×

【行政机关应当自行政处罚案件立案之日起九十日内作出行政处罚决定。法律、法规、规章另有规定的，从其规定。】

四、实务题

甲公司成立于 2018 年，为增值税一般纳税人，2022 年 3 月申报期内由于疫情管控原因无法获取财务数据，无法准确办理 2 月所属期申报，因此向税务机关申请延期申报。2022 年 5 月企业新入职财务人员发现前一年企业办税人员由于计算错误导致少缴纳税款 5 万元，还发现了一笔支出未取得发票，之后经过认真核算完成了 2021 年度企业所得税申报，申报产生汇缴退税 8 万元。

根据上述资料回答问题：

1. 纳税人经核准延期办理申报，应当在纳税期内按税务机关核定的税额预缴税款或者按照（　　）。

　　A. 上期实际缴纳的税额预缴税款

　　B. 上期预计的税额预缴税款

　　C. 本期预计的税额预缴税款

　　D. 同期实际缴纳的税额预缴税款

参考答案：A

2. 对于因纳税人、扣缴义务人计算错误造成的未缴或者少缴税款，税务机关一般情况下的追征期和特殊情况下的追征期分别是（　　）。

　　A. 2 年，5 年　　　　　　　　B. 3 年，5 年

　　C. 3 年，10 年　　　　　　　 D. 5 年，10 年

参考答案：B

3. 企业发现一笔支出未取得发票，若支出真实且已实际发生，应如何处理（　　）。

　　A. 以支付凭证入账

　　B. 以业务合同入账

　　C. 在当年度汇算清缴期结束前，要求对方补开、换开发票、其他外部凭证

　　D. 无需特别处理

参考答案：C

4. 若汇算清缴期结束后，税务机关发现企业应当取得而未取得发票、其他外部凭证或者取得不合规发票、不合规其他外部凭证并且告知企业的，企业应当自被告知之日补开、换开符合规定的发票、其他外部凭证的期限是（　　）。

　　A. 30 日　　　　B. 60 日　　　　C. 90 日　　　　D. 180 日

参考答案：B

5. 关于该纳税人的汇算清缴退税以下表述有误的是（　　）。

　　A. 纳税人可以通过电子税务局申请退税

　　B. 申请退抵税（费）额不能大于纳税人已入库税额

　　C. 如果纳税人有欠税，税务机关可以将纳税人的应退税款先抵扣欠缴的税款，抵扣后有余额的，办理应退余额的退库

　　D. 如果纳税人有欠税，应先缴纳所欠税款，再申请汇算清缴退税

参考答案：D

第四章　税收风险管理

必知考试大纲

	初级	中级	高级
第一节 税收风险管理概述	1.了解税收风险管理工作的重要性 2.了解税收风险管理工作的定位 3.熟悉税收风险管理工作的机制 4.了解税收风险管理工作职责划分 5.了解"信用＋风险"的基本要求	1.熟悉税收风险管理工作的重要性 2.掌握税收风险管理工作的定位 3.掌握税收风险管理工作的机制 4.熟悉税收风险管理工作职责划分 5.熟悉"信用＋风险"方法运用	掌握税收风险管理理论综合运用
第二节 税收风险管理内容	1.了解"目标规划"的操作规范 2.熟悉"信息收集"的操作规范 3.了解"税收风险分析统筹"的操作规范 4.了解"等级排序"的操作规范 5.了解"风险任务推送"的操作规范 6.熟悉"风险任务应对"的操作规范 7.了解"过程监控与评价反馈"的操作规范	1.掌握"目标规划"的操作规范 2.掌握"信息收集"的操作规范 3.掌握"税收风险分析统筹"的操作规范 4.掌握"风险任务推送"的操作规范 5.掌握"风险任务应对"的操作规范 6.掌握"过程监控与评价反馈"的操作规范	1.掌握税收风险管理理论的综合运用 2.掌握风险指标模型体系构建 3.掌握风险管理运行情况的分析 4.掌握过程监控与评价指标体系建立 5.掌握应对质量管控的基本要求
第三节 税收风险应对方法（纳税评估）	1.熟悉纳税评估流程 2.了解纳税评估方法 3.了解纳税评估指标 4.了解纳税评估模型 5.熟悉金三"评估审计"的基本操作	1.掌握纳税评估流程 2.掌握纳税评估方法 3.掌握纳税评估指标 4.熟悉纳税评估模型 5.掌握金三"评估审计"综合应用	1.掌握税收风险应对方法（纳税评估）操作规范 2.掌握纳税评估方法 3.掌握纳税评估指标 4.掌握纳税评估模型

必懂复习策略

　　本章主要有三部分内容：税收风险管理概述、税收风险管理内容、税收风险应对方法（纳税评估）。

　　税收风险管理概述主要包括税收风险管理工作的重要性、税收风险管理工作的定位、税收风险管理工作的机制、税收风险管理工作职责划分、"信用 + 风险"的基本要求。这部分对初级考生的要求为了解、熟悉基本内容，中级考生应熟悉、掌握相关内容，对高级考生的要求为掌握税收风险管理理论综合运用。

　　税收风险管理内容主要包括"目标规划"的操作规范、"信息收集"的操作规范、"税收风险分析统筹"的操作规范、"等级排序"的操作规范、"风险任务推送"的操作规范、"风险任务应对"的操作规范、"过程监控与评价反馈"的操作规范。这部分对初级考生的要求为了解、熟悉基本内容，中级考生应掌握相关内容，对高级考生的要求为掌握风险指标模型体系构建、风险管理运行情况分析、过程监控与评价、应对质量管控。

必会核心知识

■ 税收风险管理是税务机关运用风险管理理论和方法，在全面分析纳税人税法遵从状况的基础上，针对纳税人不同类型不同等级的税收风险，合理配置税收管理资源，通过风险提醒、纳税评估、税务审计、反避税调查、税务稽查等风险应对手段，防控税收风险，提高纳税人的税法遵从度，提升税务机关管理水平的税收管理活动。

■ 《关于全面深化税收风险管理体系建设的实施意见》的主要目标：以统一风险分析识别库、统一风险管理平台为基础，以综合、专项、管理三类风险应对为重点，强化风险管理中心、风险管理专业化团队、风险管理制度体系建设，形成省、市局两级分析识别，省、市局两级任务统筹，省、市、县、分局四级风险应对的风险管理新体系。

■ 税收风险管理的体制为省局一级数据管理，省、市局两级风险分析识别和任务统筹管理，省、市、县、分局四级风险应对。

■ 税收风险管理的运行机制为"领导小组统一指挥、风险管理部门统筹管理、各专业部门分工协作、风险应对机构实施应对"。

■ 统一的风险管理平台由目标规划、分析识别、等级排序、任务管理、应对实施、过程监控、绩效评价等7个功能板块组成。

■ 风险管理目标规划是指结合税收形势和外部环境，确定税收风险管理工作重点、工作措施和实施步骤，形成系统性、全局性的战略规划和年度计划，以及风险应对等阶段性具体计划，统领和指导税收风险管理工作。

■ 通过加强税收风险管理，对纳税人实施分类服务和差异化管理，根据风险分析结果，实现"无风险不打扰、低风险预提醒、中高风险严监控"。

■ 纳税人的涉税信息收集是开展风险识别的重要基础，注重收集宏观经济信息、第三方涉税信息、企业财务信息、生产经营信息、纳税申报信息，整合不同应用系统信息。

■ 外部信息是指税务机关取得的外部单位提供的与所管辖纳税人相关的数据。外部信息主要包括从其他政府部门、企事业单位、社会团体及行业协会等第三方相关单位获得的，以及从各种公共媒体获得的数据。对于从第三方收集的纳税评估数据，税务机关应当确保数据的来源合法，引用准确。

■ 风险识别包括风险特征分析、风险指标模型建设、风险点加工归集、风险应对指引编写。

■ 全省统一的税收风险分析识别库按照综合类、专项类、管理类等风险类型，以模型、指标、项目、案例画像等主要形式展现。

■ 省局根据风险分布规律，对照事中事后管理要求，按照综合类、专项类、管理类风险，建设并持续优化全省统一的风险分析识别库，按照不同类别风险管理周期，定期开展风险分析识别。

■ 市局基于全省统一的风险分析识别库，根据本地区税收风险管理的需要，补充建立本地区的风险指标模型，有条件的地区逐步形成符合本地区风险管理实际的市级风险分析识别库。按照不同类别风险管理周期，定期开展本地区的风险分析识别。

■ 县（市、区）局对省、市局风险分析识别结果不能有效覆盖本地区纳税人特定遵从风险的情况，向省局、市局提出补充风险分析识别的建议。

■ 税收风险等级排序分为高、中、低三等。高等风险：虚开或接受虚开发票；高风险指标、模型运算结果直接指向；税收风险点情形复杂，预估不缴或少缴税款数额较大，存在偷逃骗税可能情形。低等风险：风险指向明确、预估税款较小等情形。中等风险：高、低等以外的涉税风险情形。

■ 各级税务机关在纳税服务、日常管理、情报交换或风险应对过程中发现税收风险，发起的非识别任务需求，数据风险办要严格审核把关，相关风险必须基于数据分析，有明确的税收风险指向；符合任务推送条件的，必须整合已识别未应对的所有风险疑点一并下发应对。

■ 省局负责统筹全省任务管理，基于全省统一分析识别库的风险扫描结果，按照不同风险类别，以县局为单位，以指令性和指导性任务为主要形式，以专业风险应对人员配置数量为确定任务推送量的基本依据，定期形成并推送风险应对任务。

■ 市局统筹全市风险应对任务管理，按照全省统一的风险分析识别周期，定期形成本地的风险应对任务，与省局推送的指令性风险应对任务、部分指导性风险应对任务相统筹，形成本地风险应对任务清册。

■ 优化风险提示提醒策略应用，分类确定两类提示提醒，第一类风险应对深度分析后同步发送纳税人提示提醒；第二类省、市两级分析扫描未形成风险应对任务的疑点信息，批量发送纳税人提示提醒。

■ 市、县局深度分析工作组对承接的风险应对任务，依托大数据管理平台、风险管理平台，以及补充采集的相关数据（含第三方、互联网数据），结合纳税人生产经营情况进行分析，整合、补充纳税人风险信息，形成指向明确的纳税人风险信息清册。

■ 深度分析环节确认、排除或增加风险疑点，应详细描述分析过程，分析内容（年度、数据、指标），确认、排除或增加理由等，不得未经过分析、数据验证等过程随意作出排除或增加疑点的结论。

■ 风险提示提醒信息根据不同特征分为以下类别：固定计税依据类、关联税种分析类、外部数据比对类、行为风险类、综合分析类（行业模型、收入、成本、费用、利润、税负、弹性系数等）。

■ 风险应对过程中提示提醒信息转换时，应区分类别、归纳表述、指向明确、详略得当，易于纳税人理解和修正。并应根据风险提示提醒信息，编制自查指引。不得简单复制疑点信息，不得直接将指标模型的计算公式、口径参数、分析过程等告知纳税人。

■ 省局基于统一的风险管理平台，实现风险管理工作中的数据情报管理、风险分析识别、等级排序及任务管理、风险应对等环节各业务节点事项上的全过程信息化覆盖；针对不同事项、不同岗位、不同难易程度、不同成效设置各工作事项的节点系数、岗位系数、难度系数、成效系数，建立包括工作量和工作成效等方面绩效评价的运算模型；通过对风险应对过程工作痕迹的自动归集、统计和运算，形成对全系统现代化风险管理组织、个人质效的综合评价和全景展示，并与数字人事系统无缝对接。

■ 重点评估对象确定包括：（1）综合审核对比分析中发现有问题或疑点的纳税人；（2）重点税源户；（3）特殊行业的重点企业；（4）税负异常变化的企业；（5）长时间零税负和负税负申报的纳税人；（6）纳税信用等级低下的纳税人；（7）日常管理和税务稽查检查中发现过较多问题的行业纳税人。

■ 深度分析的工作主要包括：纳税人基本情况分析、身份及生产经营特征分析、专业风险分析（可选）、互联网数据分析（可选）、电子账册分析（可选）、风险识别结果指向分析、单户综合分析等。

■ 深度分析的主要内容：（1）税务登记资料的分析；（2）税收优惠资格认定、减免税备案和核准资料的分析；（3）发票情况的分析；（4）纳税申报资料的分析。

■ 税务登记资料的分析是指了解企业的注册资本及注册资本的构成、企业的组织结构，总、分支机构情况、关联企业情况，主营项目、生产经营的范围、主要产品生产工艺流程，银行基本账户从业人员情况等。

■ 发票情况的分析是指了解企业使用发票的种类、数量和结构，辅助判断企业生产经营的变化情况，从发票领购的数量和结构判断是否存在异常。增值税专用发票用量变动异常重点核查纳税人的购销合同是否真实、纳税人的生产经营情况是否与签订的合同情况相符并实地检查存货等。

■ 对申报资料的分析，主要是分析纳税申报主表、附表及项目、数字之间的逻辑关系是否正确，适用的税目、税率及各项数字计算是否准确，申报数据与税务机关所掌握的相关数据是否相符等内容。

■ 深度分析分析方法：核对法、比较分析法、逻辑推理法。

■ 在纳税评估中，税务人员可以运用的逻辑推理分析主要包括：（1）企业的生产经营宗旨的逻辑分析（2）经济效益的逻辑分析（3）经济环境的逻辑分析（4）经济业务的逻辑分析（5）收入、成本（费用）配比分析。

■ 约谈是纳税评估工作的重要环节，是验证或消除疑点的重要途径。约谈程序一般包括编制约谈预案、约谈申请及审批、约谈通知、约谈实施和约谈结论等几个阶段。

■ 在约谈预案审批同意前，不得以纳税辅导、事前沟通等名义对纳税人进行约谈。在约谈实施时，约谈人员不得少于2名，并应制作《询问笔录》，翔实记录约谈内容。约谈结束后，应规范制作《案头检查工作底稿》，并进行备案归档。

■ 启动约谈前，应根据纳税人存在的涉税疑点，整理编写约谈提纲，确定约谈的时间、地点、对象和内容，经单位负责人审批同意后制作《税务约谈通知书》，在约谈日期前的合理期间内送达纳税人。

■ 开展约谈前，应当向纳税人出具《税务约谈通知书》。通知书应明确载明税务约谈的时间、地点、内容等事项，以及需要纳税人提供相关举证的资料。

■ 当面约谈应由两名或两名以上评估人员在税务机关固定场所进行。在约谈过程中，税务机关可以就纳税评估中发现的问题，要求纳税人和扣缴义务人进行解释。对约谈情况做约谈笔录。对疑点问题基本清楚，但详细情况或有关数据有待进一步查实的，可以由纳税人在规定期限内对疑点问题进行自查；自查完毕，纳税人向税务机关提交"纳税人自查报告"及相关证据材料。

■ 约谈时，应告知被询问人的权利和义务，就相关涉税问题进行询问，纳税人就相关问题进行举证说明，如果纳税人提交书面说明或者相关材料的，应当保存原件，保存原件确有困难的，应当及时复印、影印，并要求纳税人签字盖章。

■ 约谈结束后制作《纳税评估约谈情况表》，由约谈人、记录人和被约谈人（或者纳税人委托的税务代理人）签字确认。

■ 纳税人主动选择以自查补税代替约谈说明的，应在约定的约谈日到期前提出申请，同时应将此意见作为约谈说明的内容，在《纳税评估约谈情况表》上进行记录。

■ 杜绝随意下户执法，提示提醒不能结案的，如能够通过约谈解决，就不要实地调查。采用实地检查方式的必须经过审批，要坚持双人或团队化实施，并严格按照风险应对相关业务工作规程要求，制定检查预案、拟定检查方式和检查内容，经审批后实施。

■ 评估建议选择"建议实地核查确认"的，提请审核同意后实施。审核权限由省级税务机关确定。经审核同意后，评估人员按实地核查有关规定办理，实地核实过程中发现纳税人有其他税收风险点的，应当通过新发现涉税疑点进行申请，审批同意后一并进行处理。

■ 发现纳税人存在下列情形之一的，可实施实地调查核实：（1）纳税人的解释说明和提供的有关资料无法排除其涉税疑点或问题的；（2）纳税人不积极配合税务约谈，拖延、推诿、不及时提供有关资料，使涉税疑点无法核实的；（3）对实行核定征收的纳税人进行纳税评估时，缺少评估分析资料的；（4）其他需要实施实地调查核实的。

■ 实地调查核实方法：实物盘存法、观察法、抽查法和查对法等。

■ 评估人员根据评估分析、约谈说明和实地核查过程中所掌握的情况制作纳税评估报告。纳税评估报告应详细记录纳税评估所确定的主要疑点和问题，详细描述评估过程，记录评估基本情况和认定的结论，提出纳税评估处理建议。根据建议对象的不同管理建议可以分为对外管理建议和对内管理建议。

■ 纳税评估报告中应详细描述补缴税款和调整账目的要求。需要对税收违法违章行为进行行政处罚的，在纳税评估报告中应注明详细的行政处罚内容。

■ 对评估中发现的计算和填写错误、政策和程序理解偏差等一般性问题，在纳税评估报告中注明"建议纳税人自行补正"。

■ 对评估中发现的疑点问题经约谈、举证、调查核实等程序认定事实清楚，不具有偷税等违法嫌疑，无需立案查处的，且纳税人对该疑点或问题认识清楚，与评估人员对处理办法达成一致的，在纳税评估报告中注明"建议纳税人自行补正"。

■ 经评估，发现不属于本部门评估范围或者因特殊情况无法继续实施的，应于纳税评估报告中注明"建议任务异常处理"，并具体说明建议任务撤销、中止或终结原因。

■ 经评估，发现纳税人存在偷、逃、抗、骗等需要立案查处的税收违法行为嫌疑，"建议移交稽查部门处理"。

■ 经评估，发现存在特别纳税调整、出口退（免）税等特殊税收风险疑点，以及其他问题需要由专业部门进一步调查和处理的，"建议转专业部门处理"。

■ 在评估过程中发现问题，经审批，不予立案调查的，评估任务继续实施；予以稽查立案的，或专业部门确认立案、问题接收，且不存在其他风险疑点需核实的，终结纳税评估任务。

■ "建议纳税人自行补正"的，执行人员制作《税务事项通知书》，告知纳税人存在疑点或问题的所属期以及限改日期，送达纳税人，督促其进行补正申报、补缴税款、调整账目。

■ 纳税人经过纳税评估，自行补正的，应填报《纳税情况自查报告表》。

■ 对风险应对任务作出应对结论前，均应规范开展集体审议。对纳税评估、反避税、土增税清算等应对任务，要切实发挥集体审议的审核把关作用，不得"走过场"、杜绝个人说了算，切实减少执法过程中的寻租空间。集体审议作出结论前，应对人员不得通过任何方式，向纳税人透露拟作出的应对结论等敏感信息。

■ 纳税人因特殊困难对评估确认应补缴税款不能及时足额入库的，按欠税管理。

■ 风险管理评价反馈是指税务机关对风险识别的科学性和针对性、风险等级排序的准确性、风险应对策略的有效性等进行效果评价。各级税务机关要依托风险管理"一本账"，组织开展对风险分析、任务统筹、风险应对等工作的绩效评价。

■ 纳税评估分析时常用的主要指标分为通用分析指标和特定分析指标两大类。

■ 纳税评估通用分析指标包括：（1）收入类评估分析指标；（2）成本类评估分析指标；（3）费用类评估分析指标；（4）利润类评估分析指标；（5）资产类评估分析指标。

■ 成本类通用评估分析指标包括：单位产成品原材料耗用率、营业成本变动率。

■ 费用类通用评估分析指标包括：销售（管理、财务）费用变动率、成本费用率、成本费用利润率。

■ 利润类通用评估分析指标包括：营业利润变动率、营业毛利率变动率、营业毛利率。

■ 资产类通用评估分析指标包括：净资产收益率、总资产周转率、存货周转率（次数）、应收账款周转率、固定资产综合折旧率、资产负债率。

■ 增值税评估分析指标包括：增值税税负率；一般纳税人增票（申请增加开票量）异常评估指标；增值税专用发票用量变动异常评估指标。

■ 企业所得税评估分析指标包括：企业所得税税负率；营业利润税负率；企业应纳税所得额变动率；企业所得税贡献率；企业所得税贡献变动率；企业所得税税负变动率。

■ 营业收入变动率＝（本期营业收入－基期营业收入）÷基期营业收入×100%

■ 单位产成品原材料耗用率＝本期投入原材料÷本期产成品成本×100%

■ 营业成本变动率＝（本期营业成本－基期营业成本）÷基期营业成本×100%

■ 销售（管理、财务）费用变动率＝［本期销售（管理、财务）费用－基期销售（管理、财务）费用］÷基期销售（管理、财务）费用×100%

■ 成本费用率＝（本期销售费用＋本期管理费用＋本期财务费用）÷本期营业成本×100%

■ 成本费用利润率＝利润总额÷成本费用总额×100%

■ 成本费用总额＝营业成本总额＋期间费用总额

■ 营业利润变动率＝（本期营业利润－基期营业利润）÷基期营业利润×100%

■ 营业毛利率＝（营业收入－营业成本）÷营业收入×100%

■ 营业毛利率比上年上升，增值税税负率却比上年下降的为异常，纳税人可能存在瞒报销售或多抵扣进项税的问题。营业毛利率与预警值相比相差较大，可能存在多结转成本或不计、少计收入问题。

■ 净资产收益率＝净利润÷平均净资产×100%

■ 总资产周转率＝（利润总额＋利息支出）÷平均总资产×100%

■ 存货周转率（次数）＝销货成本÷平均存货余额。存货周转率越高，表明企业存货资产变现能力越强，存货及占用在存货上的资金周转速度越快，但是存货周转率过快，则可能说明有多列成本的问题。

■ 应收账款周转率（次数）＝赊销收入净额÷应收账款平均余额

■ 应收账款周转次数是指在一定时期内（通常为一年）应收账款转化为现金的平均次数。应收账款周转次数越多，说明应收账款的变现能力越强，企业应收账款的管理水平越高。应收账款周转周转次数越少，说明应收账款变现能力越弱，企业应收账款管理水平越低。

■ 固定资产综合折旧率＝基期固定资产折旧总额÷基期固定资产原值总额×100%

■ 资产负债率＝负债总额 ÷ 资产总额 ×100%

■ 增值税税负率＝（本期应纳增值税税额 ÷ 本期应税销售收入）×100%

■ 一般纳税人经营情况大部分时间是正常的，出现销售波动时要求增加发票是合理的，但企业在一个月内出现多次增票且增票总数较多，可认为企业经营波动太大，不符合经营常理，应对企业进行核查，防止虚开后突然注销走逃。

■ 增值税专用发票用量骤增，除正常业务变化外，可能有虚开现象。增值税专用发票用量变动异常重点核查纳税人的购销合同是否真实、纳税人的生产经营情况是否与签订的合同情况相符并实地检查存货等。

■ 增值税专用发票用量变动异常，主要核查存货类"原材料"、"产成品"以及货币资金"银行存款"、"现金"以及"应收账款"、"预收账款"等科目。

■ 销售额变动率高于正常峰值及税负率低于预警值或销售额变动率正常而税负率低于预警值的，可以以进项税额为评估重点。

■ 以进项税额为评估重点，可查证有无扩大进项抵扣范围、骗抵进项税额、不按规定申报抵扣等问题，对应核实销项税额计算的正确性。

■ 企业所得税税负率＝应纳所得税额 ÷ 利润总额 ×100%

■ 营业利润税负率＝（本期应纳税额 ÷ 本期营业利润）×100%

■ 应纳税所得额变动率＝（评估期累计应纳税所得额 − 基期累计应纳税所得额）÷ 基期累计应纳税所得额 ×100%

■ 企业所得税贡献率＝应纳所得税额 ÷ 营业收入 ×100%

■ 企业所得税贡献变动率＝（评估期所得税贡献率 − 基期所得税贡献率）÷ 基期所得税贡献率

■ 企业所得税税负变动率＝（评估期所得税税负率 − 基期所得税税负率）÷ 基期所得税税负率

■ 营业收入变动率与营业利润变动率，正常情况下，二者基本同步增长，如果出现不同步增长，则应分析可能存在异常情况。

■ 营业收入增长率大于营业利润增长率且相差较大，可能存在企业多列成本费用、扩大税前扣除范围问题。

■ 营业收入变动率与营业成本变动率，正常情况下二者基本同步增长，如果出现不同步增长，则应分析可能存在异常情况。

■ 当营业收入变动率增幅较小或者不增长，而期间费用变动率增加较多，可能存在企业少计收入、多列期间费用、扩大税前扣除范围等问题。

■ 如果存货变动率提高，营业收入变动率应该增加，总资产收益率也应该增加，如果不存在这种关系，则可能存在账外经营、少计收入、多列费用等情况。

必考点检测训练

一、单项选择

1. 下列关于税收风险管理体制的表述有误的是（　　）。

   A. 省局一级数据管理

   B. 省、市局两级风险分析识别和任务统筹管理

   C. 省、市、县三级风险应对

   D. 省、市、县、分局四级风险应对

   参考答案：C

2. 下列表述有误的是（　　）。

   A. 全省统一的税收风险分析识别库按照综合类、专项类、管理类等风险类型，以模型、指标、项目、案例画像等主要形式展现

   B. 省局根据风险分布规律，对照事中事后管理要求，按照综合类、专项类、管理类风险，建设并持续优化全省统一的风险分析识别库，按照不同类别风险管理周期，定期开展风险分析识别

   C. 市局基于全省统一的风险分析识别库，根据本地区税收风险管理的需要，补充建立本地区的风险指标模型，有条件的地区逐步形成符合本地区风险管理实际的市级风险分析识别库。按照不同类别风险管理周期，定期开展本地区的风险分析识别

D. 县（市、区）局基于省市两级的风险分析识别库，根据本地区税
收风险管理的需要，补充建立本县的风险指标模型，有条件的地
区逐步形成符合本县风险管理实际的县级风险分析识别库

参考答案：D

3. 深度分析分析方法不包括（　　）。

A. 核对法　　　　　　　　　B. 约谈询问法

C. 比较分析法　　　　　　　D. 逻辑推理法

参考答案：B

4. 下列关于约谈的表述有误的是（　　）。

A. 约谈是纳税评估工作的重要环节，是验证或消除疑点的重要
途径

B. 在约谈预案审批同意前，可以纳税辅导、事前沟通等名义对纳税
人进行约谈

C. 在约谈实施时，约谈人员不得少于2名，并应制作《询问笔录》，
翔实记录约谈内容

D. 约谈结束后，应规范制作《案头检查工作底稿》，并进行备案
归档

参考答案： B

5. 下列表述不正确的是（　　）。

A. 杜绝随意下户执法，提示提醒不能结案的，如能够通过约谈解
决，就不要实地调查

B. 采用实地检查方式的必须经过审批，要坚持双人或团队化实施，
并严格按照风险应对相关业务工作规程要求，制定检查预案、拟
定检查方式和检查内容，经审批后实施

C. 评估建议选择"建议实地核查确认"的，提请审核同意后实施。
审核权限由市级税务机关确定

D. 经审核同意后，评估人员按实地核查有关规定办理，实地核实过
程中发现纳税人有其他税收风险点的，应当通过新发现涉税疑点
进行申请，审批同意后一并进行处理

参考答案： C

6. 下列表述不正确的是（   ）。

A. 对评估中发现的计算和填写错误、政策和程序理解偏差等一般性问题，在纳税评估报告中注明"建议纳税人自行补正"

B. 对评估中发现的疑点问题经约谈、举证、调查核实等程序认定事实清楚，不具有偷税等违法嫌疑，无需立案查处的，且纳税人对该疑点或问题认识清楚，与评估人员对处理办法达成一致的，在纳税评估报告中注明"建议纳税人自行补正"

C. 经评估，发现不属于本部门评估范围或者因特殊情况无法继续实施的，应于纳税评估报告中注明"建议任务中止或终结"，并具体说明建议任务撤销、中止或终结原因

D. 经评估，发现纳税人存在偷、逃、抗、骗等需要立案查处的税收违法行为嫌疑，"建议移交稽查部门处理"

参考答案：C

7. 下列计算公式有误的是（   ）。

A. 营业毛利率＝（营业收入－营业成本）÷营业收入×100%

B. 单位产成品原材料耗用率＝本期投入原材料÷本期销售产品成本×100%

C. 净资产收益率＝净利润÷平均净资产×100%

D. 总资产周转率＝（利润总额＋利息支出）÷平均总资产×100%

参考答案：B

8. 下列计算公式有误的是（   ）。

A. 成本费用率＝（本期销售费用＋本期管理费用＋本期财务费用）÷本期营业成本×100%

B. 成本费用利润率＝成本费用总额÷利润总额×100%

C. 成本费用总额＝营业成本总额＋期间费用总额

D. 存货周转率（次数）＝销货成本÷平均存货余额

参考答案：B

9. 下列表述有误的是（   ）。

A. 营业毛利率比上年上升，增值税税负率却比上年下降的为异常，纳税人可能存在瞒报销售或多抵扣进项税的问题。营业毛利率

与预警值相比相差较大，可能存在多结转成本或不计、少计收入问题

B．存货周转率越高，表明企业存货资产变现能力越强，存货及占用在存货上的资金周转速度越快，但是存货周转率过快，则可能说明有多列成本的问题

C．应收账款周转次数是指在一定时期内（通常为一年）应收账款转化为现金的平均次数

D．应收账款周转次数越高，说明应收账款的变现能力越弱，企业应收账款的管理水平越低。应收账款周转周转次数越少，说明应收账款变现能力越强，企业应收账款管理水平越高

参考答案：D

二、多选

1．税收风险管理是税务机关运用风险管理理论和方法，在全面分析纳税人税法遵从状况的基础上，针对纳税人不同类型不同等级的税收风险，合理配置税收管理资源，通过（ ）等风险应对手段，防控税收风险，提高纳税人的税法遵从度，提升税务机关管理水平的税收管理活动。

A．风险提醒　　　　　　B．纳税评估

C．税务审计　　　　　　D．反避税调查

E．税务稽查

参考答案：ABCDE

2．《关于全面深化税收风险管理体系建设的实施意见》的主要目标有（ ）。

A．以统一风险分析识别库、统一风险管理平台为基础

B．以综合、专项、管理三类风险应对为重点

C．强化风险管理中心、风险管理专业化团队、风险管理制度体系建设

D．形成省、市局两级分析识别，省、市局两级任务统筹，省、市、县、分局四级风险应对的风险管理新体系

参考答案：ABCD

3. 税收风险管理的运行机制包括（　　）。

A. 领导小组统一指挥

B. 风险管理部门统筹管理

C. 各专业部门分工协作

D. 风险应对机构实施应对

参考答案：ABCD

4. 下列关于风险管理的表述正确的有（　　）。

A. 统一的风险管理平台由目标规划、分析识别、等级排序、任务管理、应对实施、过程监控、绩效评价等 7 个功能板块组成

B. 风险管理目标规划是指结合税收形势和外部环境，确定税收风险管理工作重点、工作措施和实施步骤，形成系统性、全局性的战略规划和年度计划，以及风险应对等阶段性具体计划，统领和指导税收风险管理工作

C. 外部信息是指税务机关取得的外部单位提供的与所管辖纳税人相关的数据

D. 对于从第三方收集的纳税评估数据，税务机关应当确保数据的来源合法，引用准确

参考答案：ABCD

5. 通过加强税收风险管理，对纳税人实施分类服务和差异化管理，根据风险分析结果，实现（　　）。

A. 无风险不打扰　　　　　　B. 低风险预提醒

C. 中高风险严监控　　　　　D. 高风险重打击

参考答案：ABC

6. 纳税人的涉税信息收集是开展风险识别的重要基础，注重收集（　　），整合不同应用系统信息。

A. 宏观经济信息　　　　　　B. 第三方涉税信息

C. 企业财务信息　　　　　　D. 生产经营信息

E. 纳税申报信息

参考答案：ABCDE

7. 外部信息主要包括从（　　）获得的数据。

　　A. 其他政府部门

　　B. 企事业单位

　　C. 社会团体及行业协会等第三方相关单位

　　D. 各种公共媒体

参考答案：ABCD

8. 风险识别包括（　　）。

　　A. 风险特征分析　　　　　　B. 风险指标模型建设

　　C. 风险点加工归集　　　　　D. 风险应对指引编写

参考答案：ABCD

9. 税收风险等级排序分为高、中、低三等。高等风险包括哪些情形（　　）。

　　A. 虚开或接受虚开发票

　　B. 高风险指标、模型运算结果直接指向

　　C. 税收风险点情形复杂，预估不缴或少缴税款数额较大，存在偷逃骗税可能情形

　　D. 中、低等以外的涉税风险情形

参考答案：ABC

10. 风险提示提醒信息根据不同特征分为哪些类别（　　）。

　　A. 固定计税依据类　　　　　B. 关联税种分析类

　　C. 外部数据比对类　　　　　D. 行为风险类

　　E. 综合分析类

参考答案：ABCDE

11. 风险应对过程中提示提醒信息转换的要求有（　　）。

　　A. 区分类别、归纳表述、指向明确、详略得当，易于纳税人理解和修正

　　B. 根据风险提示提醒信息，编制自查指引

　　C. 不得简单复制疑点信息

　　D. 不得直接将指标模型的计算公式、口径参数、分析过程等告知纳税人

参考答案：ABCD

12. 省局基于统一的风险管理平台，实现风险管理工作中的（   ）等环节各业务节点事项上的全过程信息化覆盖。

    A. 数据情报管理　　　　　　　B. 风险分析识别

    C. 等级排序及任务管理　　　　D. 风险应对

    参考答案：ABCD

13. 重点评估对象确定包括（   ）。

    A. 综合审核对比分析中发现有问题或疑点的纳税人

    B. 重点税源户、特殊行业的重点企业

    C. 税负异常变化的企业、长时间零税负和负税负申报的纳税人

    D. 纳税信用等级低下的纳税人

    E. 日常管理和税务稽查检查中发现过较多问题的行业纳税人

    参考答案：ABCDE

14. 深度分析的工作主要包括（   ）等。

    A. 纳税人基本情况分析

    B. 身份及生产经营特征分析

    C. 风险识别结果指向分析

    D. 单户综合分析

    参考答案：ABCD

15. 深度分析的主要内容有（   ）。

    A. 税务登记资料的分析

    B. 税收优惠资格认定、减免税备案和核准资料的分析

    C. 发票情况的分析

    D. 纳税申报资料的分析

    参考答案：ABCD

16. 下列关于深度分析的表述正确的有（   ）。

    A. 税务登记资料的分析是指了解企业的注册资本及注册资本的构成、企业的组织结构，总、分支机构情况、关联企业情况，主营项目、生产经营的范围、主要产品生产工艺流程，银行基本账户从业人员情况等

    B. 发票情况的分析是指了解企业使用发票的种类、数量和结构，辅

助判断企业生产经营的变化情况，从发票领购的数量和结构判断是否存在异常

C. 发票情况的分析还包括增值税专用发票用量变动异常重点核查纳税人的购销合同是否真实、纳税人的生产经营情况是否与签订的合同情况相符并实地检查存货等

D. 对申报资料的分析，主要是分析纳税申报主表、附表及项目、数字之间的逻辑关系是否正确，适用的税目、税率及各项数字计算是否准确，申报数据与税务机关所掌握的相关数据是否相符等内容

参考答案：ABCD

17. 在纳税评估中，税务人员可以运用的逻辑推理分析主要包括（   ）。

A. 企业的生产经营宗旨的逻辑分析

B. 经济效益的逻辑分析

C. 经济环境的逻辑分析

D. 经济业务的逻辑分析

E. 收入、成本（费用）配比分析

参考答案：ABCDE

18. 约谈程序一般包括（   ）等几个阶段。

A. 编制约谈预案   B. 约谈申请及审批

C. 约谈通知   D. 约谈实施

E. 约谈结论

参考答案：ABCDE

19. 下列关于约谈的表述正确的有（   ）。

A. 启动约谈前，应根据纳税人存在的涉税疑点，整理编写约谈提纲，确定约谈的时间、地点、对象和内容，经单位负责人审批同意后制作《税务约谈通知书》，在约谈日期前的合理期间内送达纳税人

B. 开展约谈前，应当向纳税人出具《税务约谈通知书》。通知书应明确载明税务约谈的时间、地点、内容等事项，以及需要纳税人提供相关举证的资料

C. 当面约谈应由两名或两名以上评估人员在税务机关固定场所进行

D. 在约谈过程中，税务机关可以就纳税评估中发现的问题，要求纳
税人和扣缴义务人进行解释

参考答案：ABCD

20. 下列关于约谈的表述正确的有（　　）。

A. 对疑点问题基本清楚，但详细情况或有关数据有待进一步查实
的，可以由纳税人在规定期限内对疑点问题进行自查；自查完
毕，纳税人向税务机关提交"纳税人自查报告"及相关证据材料

B. 约谈时，应告知被询问人的权利和义务，就相关涉税问题进行询
问，纳税人就相关问题进行举证说明，如果纳税人提交书面说明
或者相关材料的，应当保存原件，保存原件确有困难的，应当及
时复印、影印，并要求纳税人签字盖章

C. 约谈结束后制作《纳税评估约谈情况表》，由约谈人、记录人和
被约谈人（或者纳税人委托的税务代理人）签字确认

D. 纳税人主动选择以自查补税代替约谈说明的，应在约定的约谈日
到期前提出申请，同时应将此意见作为约谈说明的内容，在《纳
税评估约谈情况表》上进行记录

参考答案：ABCD

21. 发现纳税人存在下列情形，可实施实地调查核实的有（　　）。

A. 纳税人的解释说明和提供的有关资料无法排除其涉税疑点或问题的

B. 纳税人不积极配合税务约谈，拖延、推诿、不及时提供有关资
料，使涉税疑点无法核实的

C. 对实行核定征收的纳税人进行纳税评估时，缺少评估分析资料的

D. 其他需要实施实地调查核实的

参考答案：ABCD

22. 实地调查核实方法有（　　）。

A. 实物盘存法　　　　　　　B. 观察法

C. 抽查法　　　　　　　　　D. 查对法

参考答案：ABCD

23. 下列表述正确的有（　　）。

A. 评估人员根据评估分析、约谈说明和实地核查过程中所掌握的情

况制作纳税评估报告

B. 纳税评估报告应详细记录纳税评估所确定的主要疑点和问题，详细描述评估过程，记录评估基本情况和认定的结论，提出纳税评估处理建议

C. 根据建议对象的不同管理建议可以分为对外管理建议和对内管理建议

D. 纳税评估报告中应详细描述补缴税款和调整账目的要求。需要对税收违法违章行为进行行政处罚的，在纳税评估报告中应注明详细的行政处罚内容

参考答案：ABCD

24. 下列表述正确的有（　　）。

A. 经评估，发现存在特别纳税调整、出口退（免）税等特殊税收风险疑点，以及其他问题需要由专业部门进一步调查和处理的，"建议转专业部门处理"

B. 在评估过程中发现问题，经审批，不予立案调查的，终结纳税评估任务；予以稽查立案的，或专业部门确认立案、问题接收，且不存在其他风险疑点需核实的，终结纳税评估任务

C. "建议纳税人自行补正"的，执行人员制作《税务事项通知书》，告知纳税人存在疑点或问题的所属期以及限改日期，送达纳税人，督促其进行补正申报、补缴税款、调整账目

D. 纳税人经过纳税评估，自行补正的，应填报《纳税情况自查报告表》

参考答案：ACD

25. 下列表述正确的有（　　）。

A. 对风险应对任务作出应对结论前，均应规范开展集体审议

B. 对纳税评估、反避税、土增税清算等应对任务，要切实发挥集体审议的审核把关作用，不得"走过场"、杜绝个人说了算，切实减少执法过程中的寻租空间

C. 集体审议作出结论前，应对人员不得通过任何方式，向纳税人透露拟作出的应对结论等敏感信息

D. 纳税人因特殊困难对评估确认应补缴税款不能及时足额入库的，
按欠税管理

参考答案：ABCD

26. 纳税评估通用分析指标包括（　　）。
A. 收入类评估分析指标
B. 成本类评估分析指标
C. 费用类评估分析指标
D. 利润类评估分析指标
E. 资产类评估分析指标

参考答案：ABCDE

27. 成本类通用评估分析指标包括（　　）。
A. 单位产成品原材料耗用率　　B. 营业成本变动率
C. 成本费用率　　　　　　　　D. 成本费用利润率

参考答案：AB

28. 费用类通用评估分析指标包括（　　）。
A. 营业利润变动率
B. 销售（管理、财务）费用变动率
C. 成本费用率
D. 成本费用利润率

参考答案：BCD

29. 利润类通用评估分析指标包括（　　）。
A. 营业利润变动率　　　　　　B. 营业毛利率变动率
C. 营业毛利率　　　　　　　　D. 营业利润税负率

参考答案：ABC

30. 资产类通用评估分析指标包括资产负债率以及（　　）。
A. 净资产收益率　　　　　　　B. 总资产周转率
C. 存货周转率（次数）　　　　D. 应收账款周转率
E. 固定资产综合折旧率

参考答案：ABCDE

31. 增值税评估分析指标包括（ ）。

A. 增值税税负率

B. 一般纳税人增票（申请增加开票量）异常评估指标

C. 增值税专用发票用量变动异常评估指标

D. 营业利润税负率

参考答案：ABC

32. 企业所得税评估分析指标包括企业所得税税负率以及（ ）。

A. 营业利润税负率

B. 企业应纳税所得额变动率

C. 企业所得税贡献率

D. 企业所得税贡献变动率

E. 企业所得税税负变动率

参考答案：ABCDE

33. 下列表述正确的有（ ）。

A. 一般纳税人经营情况大部分时间是正常的，出现销售波动时要求增加发票是合理的，但企业在一个月内出现多次增票且增票总数较多，可认为企业经营波动太大，不符合经营常理，应对企业进行核查，防止虚开后突然注销走逃

B. 增值税专用发票用量骤增，除正常业务变化外，可能有虚开现象。增值税专用发票用量变动异常重点核查纳税人的购销合同是否真实、纳税人的生产经营情况是否与签订的合同情况相符并实地检查存货等

C. 增值税专用发票用量变动异常，主要核查存货类"原材料"、"产成品"以及货币资金"银行存款"、"现金"以及"应收账款"、"预收账款"等科目

D. 销售额变动率高于正常峰值及税负率低于预警值或销售额变动率正常而税负率低于预警值的，可以以进项税额为评估重点

E. 以进项税额为评估重点，可查证有无扩大进项抵扣范围、骗抵进项税额、不按规定申报抵扣等问题，对应核实销项税额计算的正确性

参考答案：ABCDE

34. 下列表述正确的有（　　）。

    A. 营业收入变动率与营业利润、营业成本变动率，正常情况下，基本同步增长，如果出现不同步增长，则应分析可能存在异常情况

    B. 营业收入增长率大于营业利润增长率且相差较大，可能存在企业多列成本费用、扩大税前扣除范围问题

    C. 当营业收入变动率增幅较小或者不增长，而期间费用变动率增加较多，可能存在企业少计收入、多列期间费用、扩大税前扣除范围等问题

    D. 如果存货变动率提高，营业收入变动率应该增加，总资产收益率也应该增加，如果不存在这种关系，则可能存在账外经营、少计收入、多列费用等情况

    参考答案：ABCD

35. 下列计算公式正确的有（　　）。

    A. 应收账款周转率（次数）＝赊销收入净额 ÷ 应收账款平均余额

    B. 固定资产综合折旧率＝基期固定资产折旧总额 ÷ 基期固定资产原值总额 ×100%

    C. 资产负债率＝资产总额 ÷ 负债总额 ×100%

    D. 增值税税负率＝（本期应纳增值税税额 ÷ 本期应税销售收入）×100%

    参考答案：ABD

36. 下列计算公式正确的有（　　）。

    A. 企业所得税税负率＝应纳所得税额 ÷ 利润总额 ×100%

    B. 营业利润税负率＝（本期应纳税额 ÷ 本期营业利润）×100%

    C. 应纳税所得额变动率＝（评估期累计应纳税所得额 – 基期累计应纳税所得额）÷ 基期累计应纳税所得额 ×100%

    D. 企业所得税贡献率＝应纳所得税额 ÷ 营业收入 ×100%

    参考答案：ABCD

三、判断

1. 各级税务机关在纳税服务、日常管理、情报交换或风险应对过程中发现税收风险，发起的非识别任务需求，数据风险办要严格审核把关，相关风险必须基于数据分析，有明确的税收风险指向；符合任务推送条件的，可就发现的风险疑点下发专项应对。（　）

参考答案：×

【各级税务机关在纳税服务、日常管理、情报交换或风险应对过程中发现税收风险，发起的非识别任务需求，数据风险办要严格审核把关，相关风险必须基于数据分析，有明确的税收风险指向；符合任务推送条件的，必须整合已识别未应对的所有风险疑点一并下发应对。】

2. 省局负责统筹全省任务管理，基于全省统一分析识别库的风险扫描结果，按照不同风险类别，以市局为单位，以指令性和指导性任务为主要形式，以专业风险应对人员配置数量为确定任务推送量的基本依据，定期形成并推送风险应对任务。（　）

参考答案：×

【省局负责统筹全省任务管理，基于全省统一分析识别库的风险扫描结果，按照不同风险类别，以县局为单位，以指令性和指导性任务为主要形式，以专业风险应对人员配置数量为确定任务推送量的基本依据，定期形成并推送风险应对任务。】

3. 市局统筹全市风险应对任务管理，按照全省统一的风险分析识别周期，定期形成本地的风险应对任务，与省局推送的指令性风险应对任务、部分指导性风险应对任务相统筹，形成本地风险应对任务清册。（　）

参考答案：√

4. 优化风险提示提醒策略应用，分类确定两类提示提醒，第一类风险应对深度分析后同步发送纳税人提示提醒；第二类省、市两级分析扫描未形成风险应对任务的疑点信息，暂不发送提示提醒。（　）

参考答案：×

【优化风险提示提醒策略应用，分类确定两类提示提醒，第一类风险应对深度分析后同步发送纳税人提示提醒；第二类省、市两级分析扫描未形成风险应对

任务的疑点信息，批量发送纳税人提示提醒。】

5. 市、县局深度分析工作组对承接的风险应对任务，依托大数据管理平台、风险管理平台，以及补充采集的相关数据（含第三方、互联网数据），结合纳税人生产经营情况进行分析，整合、补充纳税人风险信息，形成指向明确的纳税人风险信息清册。 （ ）

参考答案：√

6. 风险管理评价反馈是指税务机关对风险识别的科学性和针对性、风险等级排序的准确性、风险应对策略的有效性等进行效果评价。各级税务机关要依托风险管理"一本账"，组织开展对风险分析、任务统筹、风险应对等工作的绩效评价。 （ ）

参考答案：√

7. 纳税评估分析时常用的主要指标分为通用分析指标和特定分析指标两大类。 （ ）

参考答案：√

四、实务题

甲公司为增值税一般纳税人，适用一般计税方法。甲公司 2021 年第一季度的经营情况如下：

（1）销售收入：第一季度 1000 万元，上年同期为 800 万元。

（2）销售成本：第一季度合计 800 万元，上年同期为 500 万元。

（3）资产负债表期初存货 400 万元，期末存货 600 万元。

（4）第一季度应纳增值税 20 万元

根据上述资料回答问题：

1. 甲公司第一季度营业收入变动率为（ ）。

    A．–25%   B．–20%   C．20%   D．25%

参考答案：D

2. 甲公司第一季度增值税税负率为（ ）。

    A．3%   B．2.5%   C．2%   D．1%

参考答案：C

3. 甲公司第一季度存货周转率为（　　）。

A. 1　　　　　　B. 1.2　　　　　C. 1.6　　　　　D.2

参考答案：C

4. 下列关于存货周转率的表述正确的有（　　）。

A. 存货周转率越高，表明企业存货资产变现能力越强

B. 存货周转率越高，表明企业存货资产变现能力越弱

C. 存货周转率过高，可能存在有多列成本的问题

D. 存货周转率太低，可能存在不计、少计收入的情况

参考答案：ACD

5. 下列关于营业收入变动率的表述正确的有（　　）。

A. 营业收入变动率与营业利润变动率，正常情况下二者基本同步增长

B. 营业收入增长率大于营业利润增长率且相差较大，可能存在企业多列成本费用、扩大税前扣除范围问题

C. 营业收入变动率增幅较小或者不增长，而期间费用变动率增加较多，可能存在企业少计收入、多列期间费用、扩大税前扣除范围等问题

D. 营业收入变动率与营业成本变动率，正常情况下二者基本同步增长

参考答案： ABCD

第五章 大企业税收服务和管理

必知考试大纲

	初级	中级	高级
第一节 大企业税收服务与管理概述	1. 了解大企业的特点 2. 了解大企业划分标准	1. 熟悉大企业划分标准 2. 熟悉深化大企业税收服务与管理改革要求	掌握国外大企业税收服务与管理经验
第二节 大企业数据管理	1. 了解千户集团数据联络员制度 2. 了解千户集团数据管理工作要求 3. 了解千户集团名册管理办法 4. 熟悉千户集团数据联络员制度	1. 熟悉千户集团名册管理办法 2. 熟悉千户集团报表报送规定 3. 掌握千户集团数据联络员制度	1. 掌握千户集团名册管理办法 2. 掌握千户集团报表报送规定
第三节 大企业个性化纳税服务	1. 了解大企业个性化纳税服务内涵 2. 熟悉大企业个性化纳税服务主要任务	1. 熟悉大企业税务风险管理指引 2. 熟悉大企业重组涉税事项纳税服务机制 3. 熟悉大企业涉税事项协调会议制度	1. 掌握大企业税务风险管理指引 2. 掌握大企业重组涉税事项纳税服务机制 3. 熟悉遵从协议谈签
第四节 大企业税收风险管理	1. 了解大企业税收风险管理目标 2. 了解大企业税收风险管理特点 3. 熟悉大企业税收风险管理主要任务	1. 熟悉千户集团税收风险管理工作规程 2. 熟悉大企业税收风险分析指标	1. 掌握千户集团税收风险管理工作规程 2. 掌握大企业税收风险分析指标和行业指引
第五节 大企业税收经济分析	了解大企业税收经济分析指标	了解大企业税收经济分析报告的写作	熟悉大企业税收经济分析指标及报告写作

必 懂 复 习 策 略

　　本章主要内容有大企业数据管理、大企业个性化纳税服务、大企业税收风险管理、大企业税收经济分析四部分内容。

　　大企业税收服务与管理概述主要阐述大企业的特点、大企业划分标准；大企业数据管理涉及千户集团数据管理工作要求、名册管理办法和数据联络员制度，应重点学习；大企业个性化纳税服务方面学习要点是大企业个性化纳税服务内涵和主要任务；大企业税收风险管理方面要重点关注大企业税收风险管理的目标、特点和主要任务；大企业税收经济分析的学习重点是大企业税收经济分析指标。

　　这部分对初级考生的要求是以了解为主，中级考生应熟悉、掌握相关制度及规定，对高级考生的要求为掌握国外大企业税收服务与管理经验、掌握大企业重组涉税事项纳税服务机制、掌握大企业税收风险分析指标和行业指引等。

必会核心知识

■ 大企业税收管理的对象范围划分有"单一标准"和"复合标准"两种。单一标准：只采用一个指标（大多是资产、营业额、注册资本和缴纳税额等）来定义大企业。复合标准：采用多个指标确定大企业范畴。大企业专指税务总局确定并牵头管理的、资产或纳税规模达到一定标准的企业集团。

■ 千户集团是指年度缴纳税额达到国家税务总局管理服务标准的企业集团，包括全部中央企业、中央金融企业以及达到上述标准的单一法人企业等。千户集团名单由国家税务总局确定，定期发布，实行动态管理。

■ 合并重组、破产、注销或年度缴纳税额连续五年未达到国家税务总局管理服务标准的企业集团，应从名册管理范围内调出。

■ 已入选千户集团名单的企业集团总部按年维护集团名册信息，每年应按照要求填报相关信息，于每年5月31日企业所得税汇算清缴结束前报送省税务机关。

■ 税务机关在同一年度内对同一户纳税人的税务检查原则上不超过一次。

■ 对已实施税务检查的纳税人可以再次实施税务检查的情形：（1）已掌握该纳税人新的涉税违法线索；（2）该纳税人再次出现税款流失风险；（3）执行国际条约的需要。

■ 编制合并财务报表的千户集团总部，应在每年5月31日前附报上一年度的合并财务报表。

■ 全国千户集团总部及其成员企业应在企业所得税预缴纳税申报时附报本级财务会计报表，以及税务机关根据实际需要要求附报的其他纳税资料，境外成员企业可暂不附报。

■ 千户集团及其成员企业应附报的财务会计报表，原则上应以电子形式附报。企业编制的原始财务会计报表与税务机关核心征管系统中报表格式不一致的，应将原始财务会计报表以Excel表格式，作为附件一并附报。

■ 千户集团数据联络员是千户集团中负责配合税务机关，统筹协调集团总部及其成员单位开展数据采集、审核和报送等工作的人员。千户集团总部设置独立或兼职联络员 1 名，与税务机关大企业管理部门直接对接，是千户集团数据采集工作的主要负责人。

■ 大企业重组涉税事项纳税服务对象为千户集团企业。

■ 大企业重组涉税事项纳税服务工作程序（1）涉税事项来源；（2）转办；（3）审核；（4）提出初步意见；（5）形成最终意见；（6）未决事项；（7）存档。

■ 国家税务总局与企业集团在自愿、平等、公开、互信的基础上，签订税收遵从协议，共同承诺税企双方合作防控税务风险。

■ 税务机关根据大企业的特点和所处行业类型，采取问卷调查、现场访谈等形式开展大企业税务风险内控调查工作。采取符合性测试、实质性测试等方法开展大企业内控测试工作。

■ 大企业税收风险管理目标：通过加强税收风险管理，对纳税人实施差别化精准管理，提高纳税遵从水平。

■ 千户集团税收风险管理，以防范税收风险为导向，按照"数据采集 – 风险分析 – 推送应对 – 反馈考核"四个环节，实施全流程闭环管理。

■ 税务机关在大企业服务与管理中，应在优化纳税服务的同时对纳税人税法遵从状况进行风险分析，开展税额确认。

■ 千户集团数据采集的内容包括企业端数据、税务端数据和第三方数据。

■ 省税务机关应当充分利用现代科技手段，从互联网、报刊杂志等媒体发布的公开信息中，获取千户集团涉税信息，重点关注企业重组、股权转让、关联交易等重大事项信息。

■ 税务总局、省税务机关结合计算机扫描结果，开展人工专业复评，形成《千户集团税收风险分析报告》。人工专业复评主要包括常规风险分析、行业重点剖析和重大事项分析。

■ 人工专业复评可以采取案头分析、与企业沟通、选取代表性企业开展典型调查等方法。

■ 对千户集团开展评估约谈时，应当向纳税人出具《税务事项通知书》，由两名以上应对人员共同参加，并制作《千户集团税收风险应对工作底稿》。

■ 千户集团税收风险程度测试指标体系包括通用、架构、税负、行业、财务、内控六类指标。

■ 行业税收风险分析指引在总体架构上设置四个方面的内容：（1）行业概况；（2）行业税收风险分析及应对；（3）典型案例；（4）税收政策索引。

■ 大企业经济税源分析内容主要包括：（1）重大发展战略分析；（2）区域比较分析；（3）新旧动能转换分析；（4）重点行业分析；（5）经济运行风险分析；（6）涵养税源分析。

■ 大企业政策效应分析内容主要包括：（1）重大税制改革效应分析；（2）减免税政策效应分析；（3）优化营商环境措施效应分析；（4）税收负担及收入分配分析。

必考点检测训练

一、单项选择

下列关于大企业管理的表述不正确的是（   ）。

    A. 千户集团及其成员企业应附报的财务会计报表，原则上应以电子形式附报

    B. 企业编制的原始财务会计报表与税务机关核心征管系统中报表格式不一致的，应将原始财务会计报表以 Excel 表格式，作为附件一并附报

    C. 千户集团数据联络员是千户集团中负责配合税务机关，统筹协调集团总部及其成员单位开展数据采集、审核和报送等工作的人员

    D. 千户集团总部设置独立或兼职联络员 2 名，与税务机关大企业管理部门直接对接，是千户集团数据采集工作的主要负责人

参考答案：D

二、多选

1. 下列关于大企业管理的表述正确的有（　　）。

   A. 大企业税收管理的对象范围划分有"单一标准"和"复合标准"两种

   B. 大企业专指税务总局确定并牵头管理的、资产或纳税规模达到一定标准的企业集团

   C. 千户集团是指年度缴纳税额达到国家税务总局管理服务标准的企业集团，包括全部中央企业、中央金融企业以及达到上述标准的单一法人企业等

   D. 千户集团名单由各省级税务机关确定，定期发布，实行动态管理

   参考答案：ABC

2. 下列关于大企业管理的表述正确的有（　　）。

   A. 合并重组、破产、注销或年度缴纳税额连续五年未达到国家税务总局管理服务标准的企业集团，应从名册管理范围内调出

   B. 已入选千户集团名单的企业集团总部按年维护集团名册信息，每年应按照要求填报相关信息，于每年 5 月 31 日企业所得税汇算清缴结束前报送省税务机关

   C. 编制合并财务报表的千户集团总部，应在每年 3 月 31 日前附报上一年度的合并财务报表

   D. 全国千户集团总部及其成员企业应在企业所得税预缴纳税申报时附报本级财务会计报表，以及税务机关根据实际需要要求附报的其他纳税资料，境外成员企业可暂不附报

   参考答案：ABD

3. 税务机关在同一年度内对同一户纳税人的税务检查原则上不超过一次。对已实施税务检查的纳税人可以再次实施税务检查的情形有（　　）。

   A. 已掌握该纳税人新的涉税违法线索

   B. 该纳税人再次出现税款流失风险

C. 执行国际条约的需要

D. 税务检查复核

参考答案： ABC

4. 下列关于大企业管理的表述正确的有（ ）。

A. 大企业重组涉税事项纳税服务对象为千户集团企业

B. 国家税务总局与企业集团在自愿、平等、公开、互信的基础上，签订税收遵从协议，共同承诺税企双方合作防控税务风险

C. 税务机关根据大企业的特点和所处行业类型，采取问卷调查、现场访谈等形式开展大企业税务风险内控调查工作

D. 采取符合性测试、实质性测试等方法开展大企业内控测试工作

参考答案：ABCD

5. 下列关于大企业管理的表述正确的有（ ）。

A. 大企业税收风险管理目标：通过加强税收风险管理，对纳税人实施差别化精准管理，提高纳税遵从水平

B. 税务机关在大企业服务与管理中，应在优化纳税服务的同时对纳税人税法遵从状况进行风险分析，开展税额确认

C. 省税务机关应当充分利用现代科技手段，从互联网、报刊杂志等媒体发布的公开信息中，获取千户集团涉税信息，重点关注企业重组、股权转让、关联交易等重大事项信息

D. 千户集团数据采集的内容包括企业端数据、税务端数据和第三方数据

参考答案： ABCD

6. 千户集团税收风险管理，以防范税收风险为导向，按照哪些环节，实施全流程闭环管理（ ）。

A. 数据采集　　　　　　　　B. 风险分析

C. 推送应对　　　　　　　　D. 反馈考核

参考答案：ABCD

7. 下列关于大企业管理的表述正确的有（ ）。

A. 税务总局、省税务机关结合计算机扫描结果，开展人工专业复评，形成《千户集团税收风险分析报告》。人工专业复评主要包

括常规风险分析、行业重点剖析和重大事项分析

    B. 人工专业复评可以采取案头分析、与企业沟通、选取代表性企业开展典型调查等方法

    C. 对千户集团开展评估约谈时，应当向纳税人出具《税务事项通知书》，由两名以上应对人员共同参加，并制作《千户集团税收风险应对工作底稿》

    D. 千户集团税收风险程度测试指标体系包括通用、架构、税负、行业、财务、内控六类指标

参考答案：ABCD

8. 行业税收风险分析指引在总体架构上设置哪些方面的内容（　　）。

    A. 行业概况

    B. 行业税收风险分析及应对

    C. 典型案例

    D. 税收政策索引

参考答案：ABCD

9. 大企业政策效应分析内容主要包括（　　）。

    A. 重大税制改革效应分析

    B. 减免税政策效应分析

    C. 优化营商环境措施效应分析

    D. 税收负担及收入分配分析

参考答案：ABCD

三、判断

1. 大企业重组涉税事项纳税服务工作程序（1）涉税事项来源；（2）转办；（3）审核；（4）提出初步意见；（5）形成最终意见；（6）未决事项；（7）存档。　　　　　　　　　　　　　　　　　　　　　　　　（　）

参考答案：√

2. 大企业经济税源分析内容主要包括：（1）重大发展战略分析；（2）区域比较分析；（3）新旧动能转换分析；（4）重点行业分析；（5）经济运行风

险分析；（6）涵养税源分析。　　　　　　　　　　　　　（　）

参考答案：√

四、实务题

甲企业集团，下辖五十余个成员企业，已入选千户集团名册。根据情况回答问题：

1. 下列关于千户集团的表述有误的是（　）。

A. 千户集团是指年度缴纳税额达到国家税务总局管理服务标准的企业集团

B. 千户集团名单由国家税务总局确定，定期发布，实行动态管理

C. 已入选千户集团名单的企业集团总部按年维护集团名册信息，每年应按照要求填报相关信息，于每年5月31日企业所得税汇算清缴结束前报送省税务机关

D. 千户集团及其成员企业应附报的财务会计报表，原则上应以纸质形式附报并加盖公章

参考答案：D

2. 编制合并财务报表的千户集团总部，应在每年（　）前附报上一年度的合并财务报表。

A. 1月31日　　　　　　　　　B. 3月31日

C. 5月31日　　　　　　　　　D. 6月30日

参考答案：C

3. 千户集团数据联络员是千户集团中负责配合税务机关，统筹协调集团总部及其成员单位开展数据采集、审核和报送等工作的人员。具体人数要求是（　）。

A. 集团每个成员单位设置1人

B. 集团总部设置1人

C. 集团总部设置2人

D. 每个省级单位设置1人

参考答案：B

4. 某千户集团的成员企业，按照要求需要采集电子财务数据的是（　　）。

　　A. 在某省挂靠经营的子公司

　　B. 在新加坡的子公司

　　C. 在某省的子公司

　　D. 非独立核算的分支机构

参考答案：C

5. 由于疫情影响行业不景气，若该企业集团因连续多年年度缴纳税额未能达到国家税务总局管理服务标准，被从千户集团名册管理范围调出，这个连续年度是多少年（　　）。

　　A. 2 年　　　　　B. 3 年　　　　　C. 5 年　　　　　D. 10 年

参考答案：C

第六章　国际税收

	初级	中级	高级
第一节 税收管辖 权	1. 了解税收管辖权含义 2. 熟悉税收管辖权分类 3. 了解税收管辖权的行使 4. 了解税收管辖权的优先原则	1. 熟悉税收管辖权含义 2. 熟悉税收管辖权分类 3. 熟悉税收管辖权行使 4. 熟悉税收管辖权优先原则	掌握税收管辖权含义、分类、行使和优先原则的综合运用
第二节 非居民企 业及个人 税收管理	1. 了解非居民企业税收管理 （1）非居民企业的纳税义务 （2）对外支付税务备案 （3）递延纳税基本规定 2. 了解非居民企业税收管理的主要内容 （1）有机构、场所的非居民企业管理 （2）源泉扣缴管理 3. 了解非居民个人纳税义务	3. 熟悉非居民个人所得的界定以及与协定的综合运用 1. 熟悉对外支付税务管理、递延纳税政策操作 2. 熟悉非居民企业税收征收管理 （1）有机构、场所的非居民企业管理 （2）源泉扣缴管理	1. 掌握非居民企业税收的征收管理 2. 熟悉非居民个人所得的界定以及与协定的综合运用
第三节 反避税及 BEPS 行动 计划	1. 了解国际避税及基本方法 （1）国际避税的概念及产生原因 （2）国际避税的基本方法 2. 了解国际反避税及基本方法 （1）国际反避税的概念 （2）国际反避税的基本方法 3. 了解税基侵蚀和利润转移（BEPS）行动计划	1. 熟悉国际反避税及基本方法 （1）国际反避税的概念 （2）国际反避税的基本方法 2. 熟悉税基侵蚀和利润转移（BEPS）行动计划	1. 掌握反避税的方法 2. 掌握税基侵蚀和利润转移15项行动计划在我国的结果应用

续表

	初级	中级	高级
第四节 税收协定	1. 了解税收协定基础理论 2. 了解税收协定条款 3. 了解税收协定解释和执行 4. 了解防止税收协定滥用	1. 熟悉税收协定基础理论 2. 熟悉税收协定条款 3. 熟悉税收协定解释和执行 4. 熟悉防止税收协定滥用	掌握税收协定各项业务
第五节 国际情报 交换及 CRS	1. 了解国际税收情报交换基本内容 2. 了解《多边税收征管互助公约》 3. 了解金融账户涉税信息自动交换标准	1. 熟悉国际税收情报交换 2. 熟悉《多边税收征管互助公约》 3. 熟悉金融账户涉税信息自动交换标准	1. 掌握国际税收情报交换 2. 掌握《多边税收征管互助公约》和金融账户涉税信息自动交换标准在我国的具体实践
第六节 税收服务 "走出去"	1. 了解"走出去"纳税人概念及相关规定 2. 了解"一带一路"相关内容 （1）"一带一路"倡议内涵 （2）了解"一带一路"国际合作高峰论坛 （3）了解税收服务"一带一路"建设的主要内容	熟悉"走出去"纳税人相关规定	1. 掌握税收服务"一带一路"建设的主要内容 2. 掌握"一带一路"税收征管合作机制目的、意义及主要内容 3. 掌握"走出去"纳税人相关税收规定

必懂复习策略

本章主要内容有、非居民企业及个人税收管理、反避税及BEPS行动计划、税收协定、国际情报交换及CRS、税收服务"走出去"等。

税收管辖权包括税收管辖权含义、分类、行使和优先原则等，初级考生应了解，中级考生应熟悉，高级考生要掌握这些内容的综合运用。

非居民企业及个人税收管理包括非居民企业的纳税义务、对外支付税务备案、递延纳税基本规定、非居民企业税收管理的主要内容和非居民个人纳税义务等，初级考生应了解，中级考生应熟悉，高级考生要掌握非居民企业税收的征收管理、熟悉非居民个人所得的界定以及与协定的综合运用。

国际反避税是本章的重点，主要包括国际避税及基本方法、国际反避税及基本方法、税基侵蚀和利润转移（BEPS）行动计划等，初级考生应了解，中级考生应熟悉，高级考生还要掌握税基侵蚀和利润转移行动计划在我国的结果应用。

本章还涉及的税收协定、国际情报交换及CRS、税收服务"走出去"等内容，初级考生应了解，中级考生应熟悉，高级考生要掌握。

必会核心知识

■ 税收管辖权划分原则主要有：属人原则（以纳税人的国籍和住所为标准）和属地原则（以纳税人的收入来源地或经济活动所在地为标准）。

■ 税收管辖权大致分为三类：居民管辖权、公民管辖权和地域管辖权。

■ 各国对税收管辖权的行使主要有：（1）仅行使地域管辖权；（2）同时行使地域管辖权和居民管辖权；（3）同时行使地域管辖权、居民管辖权和公民管辖权。

■ 对于需要多次对外支付的同一笔合同，仅需在首次付汇前办理税务备案，无需重复提交备案表等资料。取消对外国投资者以境内直接投资合法所得在境内再投资单笔5万美元以上进行税务备案的要求，进一步降低跨境投资者办税成本。

■ 对非居民企业在境内设立两个或两个以上机构、场所并选择汇总缴纳企业所得税的，实现一地申报、多地缴税。

■ 有机构、场所的非居民企业管理按征收方式分为据实征收和核定征收两类。税务机关可按照以下标准确定非居民企业的利润率：（1）从事承包工程作业、设计和咨询劳务的，利润率为15%至30%；（2）从事管理服务的，利润率为30%至50%；（3）从事其他劳务或劳务以外经营活动的，利润率不低于15%。

■ 非居民企业在中国境内承包工程作业或提供劳务的，应当自项目合同或协议签订之日起30日内，向项目所在地主管税务机关办理税务登记手续。非居民企业在中国境内承包工程作业或提供劳务项目的，企业所得税按纳税年度计算、分季预缴，年终汇算清缴，并在工程项目完工或劳务合同履行完毕后结清税款。

■ 依照外国（地区）法律成立且实际管理机构不在中国境内，但在中国境内设立机构、场所的非居民企业，无论盈利或者亏损，均应按照我国税法的规定参加所得税汇算清缴。

■ 非居民企业具有下列情形之一的，可不参加当年度的所得税汇算清缴：（1）临时来华承包工程和提供劳务不足一年，在年度中间终止经营活动，且已经结清税款；（2）汇算清缴期内已办理注销；（3）其他经主管税务机关批准可不参加当年度所得税汇算清缴。

■ 企业应当自年度终了之日起 5 个月内，向税务机关报送年度企业所得税纳税申报表，并汇算清缴，结清应缴应退税款。

■ 扣缴义务人每次代扣代缴税款时，应当向其主管税务机关报送《中华人民共和国扣缴企业所得税报告表》及相关资料，并自代扣之日起 7 日内缴入国库。

■ 对境外投资者从中国境内居民企业分配的利润，用于境内直接投资暂不征收预提所得税政策。境外投资者以分得利润进行的直接投资，包括境外投资者以分得利润进行的增资、新建、股权收购等权益性投资行为，但不包括新增、转增、收购上市公司股份（符合条件的战略投资除外）。用于境内直接投资暂不征收预提所得税政策的适用范围，由外商投资鼓励类项目扩大至所有非禁止外商投资的项目和领域。

■ 境外投资者享受递延纳税政策需要同时满足以下条件：（1）属于直接投资；（2）境外投资者分得的利润属于境内居民企业实际分配的股息、红利等权益性投资收益，并且来源于居民企业已经实现的留存收益，包括以前年度留存尚未分配的收益；（3）用于投资的资金（资产）必须直接从利润分配企业划转到被投资企业或股权转让方账户，不得中间周转；（4）境外投资者从中国境内居民企业分配的利润，需直接投资于非禁止类投资项目。

■ 境外投资者通过股权转让、回购、清算等方式实际收回享受了递延纳税政策的直接投资，在实际收取相应款项后 7 日内，按规定程序向税务部门申报补缴递延的税款。

■ 境外投资者享受递延纳税政策后，被投资企业发生重组符合特殊性重组条件，并实际按照特殊性重组进行了税务处理的，可继续享受递延纳税待遇。

■ 境外投资者持有的同一项中国境内居民企业投资中，既包含已享受递延纳税政策的投资，也包含未享受递延纳税政策的投资，境外投资者部分处置该项投资的，视为先行处置已享受政策的投资。

■ 境外投资者在享受递延纳税政策后补缴递延税款时，仍可以按照有关规定享受税收协定待遇，但通常只能适用相关利润支付时有效的税收协定规定，即除税收协另有规定外，境外投资者不得享受补缴递延税款时的税收协定待遇。

■ 企业所得税法实施条例第一百零四条规定的支付人自行委托代理人或指定其他第三方代为支付相关款项，或者因担保合同或法律规定等原因由第三方保证人或担保人支付相关款项的，仍由委托人、指定人或被保证人、被担保人承担扣缴义务。

■ 扣缴义务人支付或者到期应支付的款项以人民币以外的货币支付或计价的，分别按以下情形进行外币折算：（1）扣缴义务人扣缴企业所得税的，应当按照扣缴义务发生之日人民币汇率中间价折合成人民币，计算非居民企业应纳税所得额，扣缴义务发生之日为相关款项实际支付或者到期应支付之日；（2）取得收入的非居民企业在主管税务机关责令限期缴纳税款前自行申报缴纳应源泉扣缴税款的，应当按照填开税收缴款书之日前一日人民币汇率中间价折合成人民币，计算非居民企业应纳税所得额；（3）主管税务机关责令取得收入的非居民企业限期缴纳应源泉扣缴税款的，应当按照主管税务机关作出限期缴税决定之日前一日人民币汇率中间价折合成人民币，计算非居民企业应纳税所得额。

■ 非居民企业取得应源泉扣缴的所得为股息、红利等权益性投资收益的，相关应纳税款扣缴义务发生之日为股息、红利等权益性投资收益实际支付之日。

■ 非居民企业采取分期收款方式取得应源泉扣缴所得税的同一项转让财产所得的，其分期收取的款项可先视为收回以前投资财产的成本，待成本全部收回后，再计算并扣缴应扣税款。

■ 按照企业所得税法第三十七条规定应当扣缴的所得税，扣缴义务人未依法扣缴或者无法履行扣缴义务的，取得所得的非居民企业应当按照企业所得税法第三十九条规定，向所得发生地主管税务机关申报缴纳未扣缴税款，并填报《中华人民共和国扣缴企业所得税报告表》。

■ 非居民企业取得的同一项所得在境内存在多个所得发生地，涉及多个主管税务机关的，在按照企业所得税法第三十九条规定自行申报缴纳未扣缴税款时，可以选择一地办理申报缴税事宜。受理申报地主管税务机关应在受理申报后 5 个工作日内，向扣缴义务人所在地和同一项所得其他发生地主管税务机关发送《非居民企业税务事项联络函》，告知非居民企业涉税事项。

■ 非居民个人取得归属于中国境内工作期间的工资薪金所得为来源于境内的工资薪金所得。非居民个人境内工作期间按照个人在境内工作天数计算，包括其在境内的实际工作日以及境内工作期间在境内、境外享受的公休假、个人休假、接受培训的天数。

■ 对于担任境内居民企业的董事、监事及高层管理职务的非居民个人，无论是否在境内履行职务，取得由境内居民企业支付或者负担的董事费、监事费、工资薪金或者其他类似报酬包含数月奖金和股权激励），属于来源于境内的所得。

■ 无住所个人在境内任职、受雇取得来源于境内的工资薪金所得，凡境内雇主与境外单位或者个人存在关联关系，将本应由境内雇主支付的工资薪金所得，部分或者全部由境外关联方支付的，无住所个人可以自行申报缴纳税款，也可以委托境内雇主代为缴纳税款。无住所个人未委托境内雇主代为缴纳税款的，境内雇主应当在相关所得支付当月终了后 15 天内向主管税务机关报告相关信息。

■ 在源泉扣缴和指定扣缴情况下，非居民纳税人自行判断符合享受协定待遇条件且需要享受协定待遇的，应当如实填写《非居民纳税人享受协定待遇信息报告表》，主动提交给扣缴义务人，并按照《非居民纳税人享受协定待遇管理办法》第七条的规定归集和留存相关资料备查。

■ 国际避税是指纳税人利用两个或两个以上国家或地区的税法和国家地区间的税收协定征管评估的漏洞、特例和缺陷，规避或减轻其全球总纳税义务的行为。

■ 国际避税的基本方法：（1）人员流动；（2）资金、货物或劳务流动；（3）利用企业组织形式避税；（4）利用税收优惠避税；（5）资本弱化；（6）转让定价；（7）利用避税地避税；（8）滥用税收协定。

■ 国际反避税的基本方法：（1）强化税收立法；（2）强化纳税人的义务；（3）强化税制管理；（4）积极开展国际合作。

■ 税基侵蚀和利润转移是指利用不同税收管辖区的税制差异和规则错

配进行税收筹划的策略，其目的是人为造成应税利润"消失"或将利润转移到没有或几乎没有实质经营活动的低税负国家（地区），从而最大限度地避税，甚至达到双重不征税的效果，造成对各国税基的侵蚀。

■ 2013 年 6 月，OECD 发布《税基侵蚀和利润转移（BEPS）行动计划》，并于当年 9 月在 G20 圣彼得堡峰会上得到各国领导人背书。

■ 2015 年发布的 BEPS 第 1 项行动计划报告为《应对数字经济带来的挑战》，该报告意识到经济数字化可能会带来超出 BEPS 范畴的问题。

■ 2019 年 5 月 31 日，OECD 在其网站上发布了一份详尽的《工作计划——制定应对经济数字化带来的税收挑战的共识解决方案》（简称工作计划），旨在对国际税收规则进行全面改革，应对经济数字化进程中逐渐凸显出的各种税收问题。为了更好地制定全球统一的课税规则，工作计划提出了"两大支柱"。"支柱一"，即技术问题提案。"支柱二"，即全球反税基侵蚀提案。

■ 国际税收协定，一般是指两个或两个以上主权国家，为了协调相互之间处理跨国纳税人征税事务方面的税收关系，本着对等原则，经由政府谈判所签订的一种书面协议或条约。

■ 通常税收协定通过缔结具体条款，主要解决下列问题：（1）消除双重征税；（2）稳定税收待遇；（3）适当降低税率，分享税收收入；（4）减少管理成本，合理归属利润；（5）防止偷漏税；（6）实行无差别待遇；（7）建立有效争端解决机制。

■ 《中新税收协定》规定，除个人以外，同时为缔约国双方居民的人，应认为是其实际管理机构所在缔约国的居民。如果其实际管理机构不能确定，应由缔约国双方主管当局通过相互协商解决。

■ 《中新税收协定》规定，同时为缔约国双方居民的个人，其身份应按以下规则确定：（1）应认为仅是其永久性住所所在缔约国的居民；如果在缔约国双方同时有永久性住所，应认为是与其个人和经济关系更密切（重要利益中心）所在缔约国的居民；（2）如果其重要利益中心所在国无法确定，或者在缔约国任何一方都没有永久性住所，应认为是其有习惯性居处所在国的居民；（3）如果其在缔约国双方都有，或者都没有习惯性居处，应认为仅是其国民所属缔约国的居民；（4）在其他任何情况下，缔约国双方主管当局应通过协商解决。

■ 常设机构是指企业进行全部或部分营业的固定场所，特别包括：管理场所；分支机构；办事处；工厂；作业场所；矿场、油井或气井、采石场或者其他开采自然资源的场所。还包括：（1）建筑工地，建筑、装配或安装工程，或者与其有关的监督管理活动，但仅以该工地、工程或活动连续六个月以上的为限；（2）企业通过雇员或雇佣的其他人员在缔约国一方提供的劳务活动，包括咨询劳务活动，但仅以该性质的活动（为同一项目或相关联的项目）在任何十二个月中连续或累计超过六个月以上为限。

■ 中新税收协定同时针对场所型常设机构提供了负面清单，即在以下情形下不构成常设机构：（1）专为储存、陈列或者交付本企业货物、商品的目的而使用的设施；（2）专为储存、陈列或者交付目的而保存本企业货物、商品的库存；（3）专为另一企业加工的目的而保存本企业货物、商品的库存；（4）专为本企业采购货物或者商品，或者搜集情报的目的所设的固定营业场所；（5）专为本企业进行其他准备性或者辅助性活动的目的所设的固定营业场所；（6）专为上述活动的结合所设的固定营业场所，且这种结合使该固定营业场所全部活动属于准备性质或辅助性质。

■ 企业或者个人为享受中国政府对外签署的税收协定，可以向主管其所得税的主管税务机关申请开具《中国税收居民身份证明》。

■ 情报交换的类型包括专项情报交换、自动情报交换、自发情报交换以及同期税务检查、授权代表访问和行业范围情报交换等。

■ 2014 年 7 月 OECD 发布了金融账户涉税信息自动交换标准（CRS），CRS 金融账户涉税信息交换的内容：账户持有人名称、纳税人识别号、地址、账号、账户余额或价值、利息、股息以及出售金融资产（不包括实物资产）的收入等信息。

■ 《多边税收征管互助公约》是一项旨在通过开展国际税收征管协作，打击跨境逃、避税行为，维护国际公平税收秩序的多边条约，随着社会发展该项公约的影响力迅速上升，逐步成为开展国际税收征管协作的新标准。

■ 《多边税收征管互助公约》规定的征管协作形式包括情报交换、税款追缴和文书送达。2013 年 7 月，二十国集团财长与央行行长会议支持经合组织将《多边税收征管互助公约》框架内的税收情报自动交换作为全球税收情报交换的新标准。中国政府 2013 年 8 月 27 日正式签署《多边税收征管互助公约》。

■《"走出去"税收指引》（2021 年修订版）共分四章，从税收政策、税收协定、管理规定及服务举措四个方面，按照适用主体、政策（协定）规定、适用条件、政策依据详细列举了"走出去"纳税人涉及的 99 个事项。

必考点检测训练

一、单项选择

1. 下列表述有误的是（　　）。

   A. 对境外投资者从中国境内居民企业分配的利润，用于境内直接投资暂不征收预提所得税政策

   B. 境外投资者以分得利润进行的直接投资，包括境外投资者以分得利润进行的增资、新建、股权收购等权益性投资行为

   C. 境外投资者以分得利润进行的直接投资暂不征收预提所得税的情形，包括新增、转增、收购上市公司股份（符合条件的战略投资除外）

   D. 用于境内直接投资暂不征收预提所得税政策的适用范围，由外商投资鼓励类项目扩大至所有非禁止外商投资的项目和领域

   参考答案：C

2. 下列表述不正确的是（　　）。

   A. 境外投资者通过股权转让、回购、清算等方式实际收回享受了递延纳税政策的直接投资，在实际收取相应款项后 7 日内，按规定程序向税务部门申报补缴递延的税款

   B. 境外投资者享受递延纳税政策后，被投资企业发生重组符合特殊性重组条件，并实际按照特殊性重组进行了税务处理的，可继续

享受递延纳税待遇

C. 境外投资者持有的同一项中国境内居民企业投资中，既包含已享受递延纳税政策的投资，也包含未享受递延纳税政策的投资，境外投资者部分处置该项投资的，视为先行处置未享受政策的投资

D. 境外投资者在享受递延纳税政策后补缴递延税款时，仍可以按照有关规定享受税收协定待遇，但通常只能适用相关利润支付时有效的税收协定规定，即除税收协另有规定外，境外投资者不得享受补缴递延税款时的税收协定待遇

参考答案：C

3. 扣缴义务人支付或者到期应支付的款项以人民币以外的货币支付或计价的，下列表述有误的是（ ）。

A. 扣缴义务人扣缴企业所得税的，应当按照扣缴义务发生之日人民币汇率中间价折合成人民币，计算非居民企业应纳税所得额

B. 扣缴义务发生之日为相关款项实际支付或者到期应支付之日

C. 取得收入的非居民企业在主管税务机关责令限期缴纳税款前自行申报缴纳应源泉扣缴税款的，应当按照填开税收缴款书之日前一日人民币汇率中间价折合成人民币，计算非居民企业应纳税所得额

D. 主管税务机关责令取得收入的非居民企业限期缴纳应源泉扣缴税款的，应当按照实际填开税收缴款书之日前一日人民币汇率中间价折合成人民币，计算非居民企业应纳税所得额

参考答案：D

4. 下列表述不正确的是（ ）。

A. 非居民企业取得应源泉扣缴的所得为股息、红利等权益性投资收益的，相关应纳税款扣缴义务发生之日为股息、红利等权益性投资收益实际支付之日

B. 按照企业所得税法第三十七条规定应当扣缴的所得税，扣缴义务人未依法扣缴或者无法履行扣缴义务的，取得所得的非居民企业应当按照企业所得税法第三十九条规定，向所得发生地主管税务

机关申报缴纳未扣缴税款

C. 非居民企业取得的同一项所得在境内存在多个所得发生地，涉及
多个主管税务机关的，在按照企业所得税法第三十九条规定自行
申报缴纳未扣缴税款时，可以选择一地办理申报缴税事宜

D. 受理申报地主管税务机关应在受理申报后 15 个工作日内，向扣
缴义务人所在地和同一项所得其他发生地主管税务机关发送《非
居民企业税务事项联络函》，告知非居民企业涉税事项

参考答案：D

5. 下列表述有误的是（　　）。

A. 非居民个人取得归属于中国境内工作期间的工资薪金所得为来源
于境内的工资薪金所得

B. 非居民个人境内工作期间按照个人在境内工作天数计算，包括其
在境内的实际工作日以及境内工作期间在境内、境外享受的公休
假、个人休假、接受培训的天数

C. 对于担任境内居民企业的董事、监事及高层管理职务的非居民个
人，无论是否在境内履行职务，取得由境内居民企业支付或者负
担的董事费、监事费、工资薪金或者其他类似报酬包含数月奖金
和股权激励），属于来源于境内的所得

D. 无住所个人在境内任职、受雇取得来源于境内的工资薪金所得，
凡境内雇主与境外单位或者个人存在关联关系，将本应由境内雇
主支付的工资薪金所得，部分或者全部由境外关联方支付的，无
住所个人可以自行申报缴纳税款，也可以委托境内雇主代为缴纳
税款。无住所个人未委托境内雇主代为缴纳税款的，境内雇主应
当在相关所得支付当月终了后 30 天内向主管税务机关报告相关
信息

参考答案：D

6. 下列关于常设机构的表述不正确的是（　　）。

A. 常设机构是指企业进行全部或部分营业的固定场所

B. 常设机构包括：管理场所；分支机构；办事处；工厂；作业场所；
矿场、油井或气井、采石场或者其他开采自然资源的场所

C. 常设机构还包括建筑工地，建筑、装配或安装工程，或者与其有关的监督管理活动，但仅以该工地、工程或活动连续十二个月以上的为限

D. 常设机构还包括企业通过雇员或雇佣的其他人员在缔约国一方提供的劳务活动，包括咨询劳务活动，但仅以该性质的活动（为同一项目或相关联的项目）在任何十二个月中连续或累计超过六个月以上为限

参考答案：C

二、多选

1. 下列关于税收管辖权的表述正确的有（ ）。

A. 属人原则主要是以纳税人的国籍和住所为标准划分税收管辖权

B. 属地原则主要是以纳税人的收入来源地或经济活动所在地为标准划分税收管辖权

C. 税收管辖权大致分为三类：居民管辖权、公民管辖权和地域管辖权

D. 各国对税收管辖权的行使主要有：（1）仅行使地域管辖权；（2）同时行使地域管辖权和居民管辖权；（3）同时行使地域管辖权、居民管辖权和公民管辖权

参考答案：ABCD

2. 下列表述正确的有（ ）。

A. 对于需要多次对外支付的同一笔合同，仅需在首次付汇前办理税务备案，无需重复提交备案表等资料

B. 取消对外国投资者以境内直接投资合法所得在境内再投资单笔5万美元以上进行税务备案的要求，进一步降低跨境投资者办税成本

C. 对非居民企业在境内设立两个或两个以上机构、场所并选择汇总缴纳企业所得税的，实现一地申报、多地缴税

D. 依照外国（地区）法律成立且实际管理机构不在中国境内，但在

中国境内设立机构、场所的非居民企业，无论盈利或者亏损，均应按照我国税法的规定参加所得税汇算清缴

参考答案：ABCD

3. 有机构、场所的非居民企业管理按征收方式分为据实征收和核定征收两类。税务机关可按照以下哪些标准确定非居民企业的利润率（   ）。

　　A. 从事承包工程作业、设计和咨询劳务的，利润率为 15% 至 30%

　　B. 从事管理服务的，利润率为 30% 至 50%

　　C. 从事其他劳务或劳务以外经营活动的，利润率不低于 10%

　　D. 从事其他劳务或劳务以外经营活动的，利润率不低于 15%

参考答案： ABD

4. 非居民企业具有下列哪些情形之一的，可不参加当年度的所得税汇算清缴（   ）。

　　A. 临时来华承包工程和提供劳务不足一年，在年度中间终止经营活动，且已经结清税款

　　B. 汇算清缴期内已办理注销

　　C. 承包工程作业或提供劳务项目亏损

　　D. 其他经主管税务机关批准可不参加当年度所得税汇算清缴

参考答案： ABD

5. 境外投资者享受递延纳税政策需要同时满足哪些条件（   ）。

　　A. 属于直接投资

　　B. 境外投资者分得的利润属于境内居民企业实际分配的股息、红利等权益性投资收益，并且来源于居民企业已经实现的留存收益，包括以前年度留存尚未分配的收益

　　C. 用于投资的资金（资产）必须直接从利润分配企业划转到被投资企业或股权转让方账户，不得中间周转

　　D. 境外投资者从中国境内居民企业分配的利润，需直接投资于非禁止类投资项目

参考答案： ABCD

6. 国际避税的基本方法有（   ）。

　　A. 人员流动；资金、货物或劳务流动

B. 利用企业组织形式避税；利用税收优惠避税

C. 资本弱化；转让定价

D. 利用避税地避税

E. 滥用税收协定

参考答案：ABCDE

7. 国际反避税的基本方法有（ ）。

A. 强化税收立法　　　　　　B. 强化纳税人的义务

C. 强化税制管理　　　　　　D. 积极开展国际合作

参考答案：ABCD

8. 下列表述正确的有（ ）。

A. 税基侵蚀和利润转移是指利用不同税收管辖区的税制差异和规则错配进行税收筹划的策略，其目的是人为造成应税利润"消失"或将利润转移到没有或几乎没有实质经营活动的低税负国家（地区），从而最大限度地避税，甚至达到双重不征税的效果，造成对各国税基的侵蚀

B. 2013 年 6 月，OECD 发布《税基侵蚀和利润转移（BEPS）行动计划》，并于当年 9 月在 G20 圣彼得堡峰会上得到各国领导人背书

C. 2015 年发布的 BEPS 第 1 项行动计划报告为《应对数字经济带来的挑战》，该报告意识到经济数字化可能会带来超出 BEPS 范畴的问题

D. 2019 年 5 月 31 日，OECD 在其网站上发布了一份详尽的《工作计划——制定应对经济数字化带来的税收挑战的共识解决方案》（简称工作计划），旨在对国际税收规则进行全面改革，应对经济数字化进程中逐渐凸显出的各种税收问题。为了更好地制定全球统一的课税规则，工作计划提出了"两大支柱"。"支柱一"，即技术问题提案。"支柱二"，即全球反税基侵蚀提案

参考答案：ABCD

9. 通常税收协定通过缔结具体条款，主要解决哪些问题（ ）。

A. 消除双重征税；稳定税收待遇

B. 适当降低税率；分享税收收入

C. 减少管理成本；合理归属利润

D. 防止偷漏税；实行无差别待遇

E. 建立有效争端解决机制

参考答案： ABCDE

10. 下列表述正确的有（　　）。

A. 企业或者个人为享受中国政府对外签署的税收协定，可以向主管其所得税的主管税务机关申请开具《中国税收居民身份证明》

B. 2014年7月OECD发布了金融账户涉税信息自动交换标准（CRS），CRS金融账户涉税信息交换的内容：账户持有人名称、纳税人识别号、地址、账号、账户余额或价值、利息、股息以及出售金融资产（不包括实物资产）的收入等信息

C. 《多边税收征管互助公约》是一项旨在通过开展国际税收征管协作，打击跨境逃、避税行为，维护国际公平税收秩序的多边条约，随着社会发展该项公约的影响力迅速上升，逐步成为开展国际税收征管协作的新标准

D. 中国政府2013年8月27日正式签署《多边税收征管互助公约》

参考答案： ABCD

11. 情报交换的类型包括（　　）。

A. 专项情报交换

B. 自动情报交换

C. 自发情报交换

D. 同期税务检查、授权代表访问和行业范围情报交换

参考答案： ABCD

三、判断

1. 非居民企业在中国境内承包工程作业或提供劳务的，应当自项目合同或协议签订之日起15日内，向项目所在地主管税务机关办理税务登记手续。非居民企业在中国境内承包工程作业或提供劳务项目的，企业所得税按纳税

年度计算、分季预缴，年终汇算清缴，并在工程项目完工或劳务合同履行完毕后结清税款。 （ ）

参考答案：×

【非居民企业在中国境内承包工程作业或提供劳务的，应当自项目合同或协议签订之日起30日内，向项目所在地主管税务机关办理税务登记手续。非居民企业在中国境内承包工程作业或提供劳务项目的，企业所得税按纳税年度计算、分季预缴，年终汇算清缴，并在工程项目完工或劳务合同履行完毕后结清税款。】

2. 扣缴义务人每次代扣代缴税款时，应当向其主管税务机关报送《中华人民共和国扣缴企业所得税报告表》及相关资料，并自代扣之日起15日内缴入国库。 （ ）

参考答案：×

【扣缴义务人每次代扣代缴税款时，应当向其主管税务机关报送《中华人民共和国扣缴企业所得税报告表》及相关资料，并自代扣之日起7日内缴入国库。】

3. 企业所得税法实施条例第一百零四条规定的支付人自行委托代理人或指定其他第三方代为支付相关款项，或者因担保合同或法律规定等原因由第三方保证人或担保人支付相关款项的，仍由委托人、指定人或被保证人、被担保人承担扣缴义务。 （ ）

参考答案：√

4. 非居民企业采取分期收款方式取得应源泉扣缴所得税的同一项转让财产所得的，其分期收取的款项应按与总价款比例计算转让成本和应纳税所得额，并扣缴应扣税款。 （ ）

参考答案：×

【非居民企业采取分期收款方式取得应源泉扣缴所得税的同一项转让财产所得的，其分期收取的款项可先视为收回以前投资财产的成本，待成本全部收回后，再计算并扣缴应扣税款。】

5. 在源泉扣缴和指定扣缴情况下，非居民纳税人自行判断符合享受协定待遇条件且需要享受协定待遇的，应当如实填写《非居民纳税人享受协定待遇信息报告表》，主动提交给扣缴义务人，并按照《非居民纳税人享受协定

待遇管理办法》第七条的规定归集和留存相关资料备查。 （ ）

参考答案：√

6.《"走出去"税收指引》（2021 年修订版）共分四章，从税收政策、税收协定、管理规定及服务举措四个方面，按照适用主体、政策（协定）规定、适用条件、政策依据详细列举了"走出去"纳税人涉及的 99 个事项。

（ ）

参考答案：√

四、实务题

甲公司是增值税一般纳税人，企业所得税适用税率为 25%，2021 年，生产经营中发生以下业务：

500 万元从境外关联企业 A 公司购入一批名牌手表，又将这批手表以 500 万元转售给境内非关联企业乙公司。

将委托加工的服装贴上自有品牌后分别卖给境内非关联企业丙公司和境外关联企业 A 公司各 10 万件，其中卖给丙公司价格 20 元/件，卖给 A 公司 16 元/件。

2021 年度申报应纳税所得额 1000 万元，已缴纳企业所得税 250 万元。

根据上述材料，回答下列问题：

1，假定甲公司转售名牌手表的可比非关联交易毛利率为 20%，那么甲公司从 A 公司购入的合理价格为（ ）万元。

A．350 B．400 C．450 D．500

参考答案：B

2．卖给丙公司和 A 公司的服装无任何实质性差异，如果税务机关对甲公司卖给 A 公司的服装进行特别纳税调整，最可能采用的转让定价方法是（ ）。

A．再销售价格法 B．成本加成法

C．可比非受控价格法 D．交易净利润法

参考答案：C

3. 对甲公司卖给 A 公司的服装进行特别纳税调整，应调增应纳税所得额为（　）万元。

    A. 10　　　　　B. 20　　　　　C. 40　　　　　D. 50

参考答案：C

4. 税务机关对甲公司与关联方 A 公司的交易进行上述合理调整，2021年甲公司应补缴企业所得税（　）万元。

    A. 30　　　　　B. 35　　　　　C. 37.5　　　　D. 50

参考答案：B

5. 下列关于转让定价方法的表述正确的有（　）。

    A. 可比非受控价格法以非关联方之间进行的与关联交易相同或者类似业务活动所收取的价格作为关联交易的公平成交价格

    B. 成本加成法以关联交易发生的合理成本加上可比非关联交易毛利后的金额作为关联交易的公平成交价格

    C. 交易净利润法以可比非关联交易的利润指标确定关联交易的利润

    D. 利润分割法根据企业与其关联方对关联交易合并利润（实际或者预计）的贡献计算各自应当分配的利润额

参考答案：ABCD

第七章　收入规划核算

	初级	中级	高级
第一节 收入规划 核算概述	1. 了解收入规划核算工作的内容 2. 了解收入规划核算工作的职责 3. 了解收入规划核算工作的重要性	1. 熟悉收入规划核算工作的内容 2. 熟悉收入规划核算工作职责 3. 能够正确认识收入规划核算工作的重要。	1. 掌握收入规划核算工作的内容 2. 掌握收入规划核算工作职责 3. 准确定位收入规划核算工作
第二节 收入规划	1. 了解收入管理的原则和要求 2. 了解新型收入管理体系的主要流程 3. 了解收入口径	1. 熟悉收入管理原则和要求 2. 熟悉新型收入管理体系的主要流程 3. 了解收入分析预测方法 4. 熟练掌握收入口径	1. 熟练运用组织收入原则等收入管理要求开展组织收入工作 2. 熟悉收入分析预测方法 准确运用新型收入管理体系开展工作
第三节 税收分析	1. 了解税收分析机制 2. 了解税收分析分类	1. 掌握税收分析机制和分析分类 2. 了解税收分析基本方法	1. 熟悉税收分析方法 2. 初步运用分析方法分析经济税收现象
第四节 税收会计	1. 了解税收会计内涵 2. 熟悉税收票证知识 3. 了解缴、退库基本知识 4. 了解税收入核算 5. 了解社保费核算 6. 了解非税收入核算	1. 熟悉税收会计内容 2. 掌握税收票证知识 3. 熟悉缴、退库知识 4. 熟悉税收核算 5. 熟悉社保费核算 6. 熟悉非税收入核算 7. 了解减税降费核算	1. 掌握税收会计各科目含义 2. 掌握缴、退库知识 3. 熟练运用税收票证知识 4. 熟悉减税降费核算

续表

	初级	中级	高级
第五节 税收统计	1. 了解税收统计内涵 2. 了解税收统计方法 3. 了解税收统计指标 4. 了解企业登记注册类型、企业规模、行业的划分	1. 了解税收报表体系 2. 熟悉税收统计指标 3. 熟悉税收统计方法 4. 熟悉企业登记注册类型、企业规模、行业的划分	1. 熟悉税收报表体系 2. 掌握常用税收统计指标 3. 初步运用税收统计方法分析税收统计指标 4. 掌握企业登记注册类型、企业规模、行业的划分
第六节 重点税源 监控	1. 了解重点税源监控的内容 2. 了解总局重点税源监控标准 3. 了解总局重点税源报送的内容	1. 熟悉重点税源监控内容 2. 熟悉总局重点税源监控标准 3. 了解重点税源行业监测方法 4. 了解总局重点税源指标，熟悉总局重点税源报送内容 5. 了解重点税源数据应用和分析方法	1. 掌握重点税源监控内容 2. 熟悉重点税源行业监测方法 3. 掌握总局重点税源监控标准 4. 熟悉总局重点税源监控指标，掌握总局重点税源报送内容 5. 熟悉重点税源数据应用和分析方法
第七节 税收调查	1. 了解税收调查工作的意义 2. 了解抽样调查、重点调查	1. 熟悉税收调查工作的意义 2. 熟悉抽样调查、重点调查 3. 了解税收调查报送内容 4. 了解税收调查指标	1. 掌握税收调查工作的意义 2. 熟悉税收调查报送内容 3. 熟悉税收调查指标 4. 能够对税收调查指标进行初步分析运用

必懂复习策略

本章主要内容有收入规划核算概述、收入规划、税收分析、税收会计、税收统计、重点税源监控、税收调查等。

主要涉及的知识点有收入规划核算工作的内容、职责和重要性；收入管理的原则和要求、新型收入管理体系的主要流程、收入口径；税收分析机制和税收分析分类；税收会计内涵、税收票证知识，缴、退库基本知识，税收收入、社保费和非税收入核算；税收统计的内涵、方法和指标、企业登记注册类型、企业规模、行业的划分；重点税源监控的内容、标准和报送的内容；税收调查工作的意义，抽样调查、重点调查等。

初级考生对这部分内容应以了解为主，中级考生以熟悉为主，高级考生熟悉和掌握。

必会核心知识

■ 税收收入规划是围绕税务部门征收税款目标进行的一项专业性较强的工作，是对长中短期税收目标的一种总体安排设计。做好收入规划工作是确保财政收入稳定增长的重要举措，是保证税收调节经济、调节分配作用得以发挥的客观需要，是维护我国市场经济秩序的重要方面。

■ 要建立"预测预期—目标确定—过程监控—结果评价"的闭环收入管理机制，实现"客观地定、科学地分、合理地调、准确地考"，最终达到对税收收入科学有效的统筹调控。

■ 税收分析机制的搭建是做好税收分析工作的基本体制保障。横向税收分析机制，可以根据各地实际工作情况选择由收入规划核算部门与横向职能部门联合牵头，其他部门配合的办法建立，也可以由有关税收职能部门牵头，收入规划核算部门和其他职能部门配合的办法实施。纵向税收分析机制，实行层级管理，分为税务总局、省局、市局和区县局四级。

■ 税收分析包括四个方面，即税收形势分析、税收风险分析、政策效应分析和经济运行分析。

■ 税收分析方法包括对比分析、因素分析以及数理统计分析等方法。

■ 对比分析法是将实际数与基数进行对比，计算实际数与基数的差异，分析形成差异的原因，借以了解经济活动的成绩和问题的一种分析方法。分析时，对比的指标可以是绝对数，也可以是相对数；对比分析法只适用于同质指标的对比。

■ 因素分析法是从经济、政策、征管以及特殊因素等方面对税收、税源进行分析。其中，经济因素包括经济规模、产业结构、企业效益以及产品价格等变化情况；政策因素主要是指税收政策调整对税收、税源的影响；征管因素主要包括加强税源管理和各税种管理、清理欠税、查补税款等对税收收入的影响；特殊因素主要是一次性、不可比的增收、减收因素。

■ 数理统计分析法是运用相关分析、一元或多元回归分析、时间序列分析等数理统计理论和方法，借助先进统计分析工具，利用历史数据，建立税收分析预测模型，对税收与相关影响因素的相关关系进行量化分析的方法。

■ 税收会计工作主要包括：（1）组织税收会计核算，记录和反映税收业务活动，提供税收会计信息；（2）加强税收缴库、退库、调库业务管理，保障税款安全；（3）实施税收会计监督，规范税收业务行为；（4）开展税收会计分析，反映税收、经济运行情况，服务税收决策。

■ 税收票证包括纸质形式和数据电文形式。数据电文税收票证是指通过横向联网电子缴税系统办理税款的征收缴库、退库时，向银行、国库发送的电子缴款、退款信息。

■ 税收票证的种类包括税收缴款书、税收收入退还书、税收完税证明、出口货物劳务专用税收票证、印花税专用税收票证以及国家税务总局规定的其他税收票证。

■《中华人民共和国税收收入退还书》和《税收收入电子退还书》是税款退库的法定凭证。税务机关向国库传递《中华人民共和国税收收入退还书》，由国库据以办理税款退还的方式为手工退库。税务机关通过横向联网电子缴税系统将记录应退税款信息的《税收收入电子退还书》发送给国库，国库据以办理税款退还的方式为电子退库。

■ 社会保险费统计核算工作内容：统计核算报表、收入－降费台账、社会保险费统计分析。统计核算报表包括：社会保险费收入月度快报、部门间收入数据比对分析表、降费核算报表、社会保险费征收情况分析表。

■ 非税收入核算的对象是非税资金及其运动。非税收入核算应当以实际发生的非税收入业务为依据，收集和填制会计凭证，登记会计账簿，编制会计报表，对申报、查补、评估、征收、减免、缓征、缴库、退库、调库等非税收入业务进行全面的记录和反映。

■ 税收统计研究的对象主要有税收数据、税基数据以及由税收数据和税基数据衍生的增量、增幅、弹性、税负等税收统计指标。

■ 税收数据包括：纳税登记数据、增值税开票数据、纳税申报数据，以及应征、待征、入库、减免等税收资金核算数据。

■ 税基数据主要包括：国内生产总值（GDP）、社会消费品零售总额、全社会固定资产投资、价格指数、规模以上工业企业利润额、金融机构存贷款余额、货运周转量等经济指标，或反映企业经营状况和个人收入状况的税源指标。

■ 税收统计分析相对指标体系包括：税收同比、环比，完成进度、税负率、税收增长弹性等各项指标。

■ 宏观税负是一国或一地区一定时期内（通常为一年）税收总量占与国内生产总值（GDP）的比值，一般用百分数表示。

■ 税收增长弹性是指税收收入对经济增长的反应程度。税收弹性系数为税收收入增长率与 GDP 增长率比值，一般用绝对数表示。当税收弹性系数大于 1 时，表明税收收入增长快于 GDP 的增长；当税收弹性系数小于 1 时，表明税收收入增长慢于 GDP 的增长；当税收弹性系数等于 1 时，表明两者同步增长。

■ 中观税负率是一定地区或某个行业或国民经济某一部分的纳税人所缴纳的税收占同期该地区、该行业或部门经济产出的比重。如制造业税负率、化学制品业税负率。

■ 微观税负率是某一纳税人在一定时期或某一经济事件过程中，所缴纳的税收占同期或该事件的经济收入的比重。

■ 目前，国家税务总局已初步建成了总局、省、市、县 4 级重点税源监控体系。

■ 重点税源数据采集的渠道主要方式有：（1）税务机关通过国家税务总局下发的 TRAS 系统收集上报；（2）纳税人通过电子税务局重点税源补充信息采集模块填报数据，系统从征管信息系统自动提取纳税人已申报的涉税数据，纳税人补充填报其它指标后上报。

■ 重点税源补充信息采集表主要指标包括纳税人基本信息、税源税收指标、产品（服务）产销指标、财务经济指标、能耗指标、纳税人对未来生产经营的预测等。

■ 宏观税源分析和微观税源监控是重点税源监控工作的两大职能。做好宏观税源分析，可以更好地为组织收入、税制改革、宏观调控服务；做好微观税源监控，可以促进税收征管资源的优化配置，进一步夯实税源管理基础，提升税收征管水平和税收收入质量。

■ 重点税源监控分析有：税源日常分析、专题分析、税源景气（发展）指数分析和税收风险预警分析等各类分析。

■　全国税收调查是财政部和国家税务总局每年在全国税务系统开展的一项专项调查。是财税部门协同完成的一项涉税数据收集整理和分析应用的基础性工作，服务于财税体制的历次重大改革，调查直接为研究财税改革方案、制定财税政策和加强财税管理服务，是税收工作、财政工作乃至国家经济工作决策科学化的重要保障。

■　从税务部门征收工作链条来看，对应参保登记、征收管理、入库核算、统计分析等四个环节，社会保险费统计指标体系主要由费源费基类、征收管理类、社保费收入类、分析评估类指标构成。

■　降费核算方法包括：分户核算和分省测算、核算降率减费额、核算缴费基数调整降费额、阶段性减免社保费统计核算、不调整缴费基数下限、缓缴企业社保费情况。

■　征收质效主要是用于评估税务部门征收社会保险费质效的分析指标。其中：实缴率 = 报告期内单位个人实缴费款合计 / 报告期内单位个人应缴费款合计 ×100%；缴费户率 = 报告期内实际缴费单位数量 / 报告期内参保单位数量 ×100%

■　缴费负担分为宏观缴费负担和微观缴费负担。宏观缴费负担 = 某地区（国家）报告期内社会保险费收入总额 / 该地区（国家）报告期内地区生产总值（国内生产总值）×100%。微观缴费负担 = 某缴费单位报告期内缴纳社会保险费总额 / 该企业报告期内单位及个人缴纳保险费的工资总额 ×100%。

■　调整社会平均工资口径减费额 = ［缴费基数减少额（下限）+ 缴费基数减少额（上限）］× 费率。（计算）费率为阶段性降率前的费率。缴费基数减少额（下限）= 缴费下限总人数 ×（调整前缴费基数下限标准 − 调整后缴费基数下限标准）。

必考点检测训练

一、单项选择

1. 下列关于税收分析机制的表述不正确的是（　　）。

   A. 税收分析机制的搭建是做好税收分析工作的基本体制保障。

   B. 横向税收分析机制，可以根据各地实际工作情况选择由收入规划核算部门与横向职能部门联合牵头，其他部门配合的办法建立。

   C. 横向税收分析机制，也可以由有关税收职能部门牵头，收入规划核算部门和其他职能部门配合的办法实施。

   D. 纵向税收分析机制，实行层级管理，分为税务总局、省局、市局三级。

   参考答案：D

2. 税收统计研究的对象不包括（　　）。

   A. 税收政策

   B. 税收数据

   C. 税基数据

   D. 由税收数据和税基数据数据衍生的增量、增幅、弹性、税负等税收统计指标

   参考答案：A

3. 下列表述不正确的是（　　）。

   A. 目前，国家税务总局已初步建成了总局、省、市三级重点税源监控体系

   B. 重点税源数据采集可以由税务机关通过国家税务总局下发的TRAS系统收集上报

   C. 重点税源数据采集也可以由纳税人通过电子税务局重点税源补充信息采集模块填报数据，系统从征管信息系统自动提取纳税人已申报的涉税数据，纳税人补充填报其它指标后上报

D. 重点税源补充信息采集表主要指标包括纳税人基本信息、税源税收指标、产品（服务）产销指标、财务经济指标、能耗指标、纳税人对未来生产经营的预测等

参考答案：A

二、多选

1. 下列关于税收收入规划的表述正确的有（　　）。

A. 税收收入规划是围绕税务部门征收税款目标进行的一项专业性较强的工作，是对长中短期税收目标的一种总体安排设计

B. 做好收入规划工作是确保财政收入稳定增长的重要举措

C. 做好收入规划工作是保证税收调节经济、调节分配作用得以发挥的客观需要

D. 做好收入规划工作是维护我国市场经济秩序的重要方面

参考答案：ABCD

2. 要建立闭环收入管理机制，实现"客观地定、科学地分、合理地调、准确地考"，最终达到对税收收入科学有效的统筹调控。闭环收入管理机制包括（　　）。

A. 预测预期　　　　　　　　B. 目标确定

C. 过程监控　　　　　　　　D. 结果评价

参考答案：ABCD

3. 下列关于因素分析法的表述正确的有（　　）。

A. 经济因素包括经济规模、产业结构、企业效益以及产品价格等变化情况

B. 政策因素主要是指税收政策调整对税收、税源的影响

C. 征管因素主要包括加强税源管理和各税种管理、清理欠税、查补税款等对税收收入的影响

D. 特殊因素主要是一次性、不可比的增收、减收因素

参考答案：ABCD

4. 税收票证的种类包括（　　）以及国家税务总局规定的其他税收票证。

A. 税收缴款书

B. 税收收入退还书

C. 税收完税证明

D. 出口货物劳务专用税收票证

E. 印花税专用税收票证

参考答案：ABCDE

5. 下列表述正确的有（　　）。

A. 税收票证包括纸质形式和数据电文形式。数据电文税收票证是指通过横向联网电子缴税系统办理税款的征收缴库、退库时，向银行、国库发送的电子缴款、退款信息

B. 《中华人民共和国税收收入退还书》和《税收收入电子退还书》是税款退库的法定凭证

C. 税务机关向国库传递《中华人民共和国税收收入退还书》，由国库据以办理税款退还的方式为手工退库

D. 税务机关通过横向联网电子缴税系统将记录应退税款信息的《税收收入电子退还书》发送给国库，国库据以办理税款退还的方式为电子退库

参考答案：ABCD

6. 社会保险费统计核算工作内容：统计核算报表、收入 – 降费台账、社会保险费统计分析。统计核算报表包括（　　）。

A. 社会保险费收入月度快报

B. 部门间收入数据比对分析表

C. 降费核算报表

D. 社会保险费征收情况分析表

参考答案：ABCD

7. 税收数据包括（　　）。

A. 纳税登记数据

B. 增值税开票数据

C. 纳税申报数据

D. 应征、待征、入库、减免等税收资金核算数据

参考答案：ABCD

8. 下列属于税基数据的有（　　）。

A. 国内生产总值（GDP）

B. 社会消费品零售总额

C. 全社会固定资产投资

D. 规模以上工业企业利润额

参考答案：ABCD

9. 税收统计分析相对指标体系包括（　　）等。

A. 税收同比、环比　　　　　　　B. 完成进度

C. 税负率　　　　　　　　　　　D. 税收增长弹性

参考答案：ABCD

10. 下列表述正确的有（　　）。

A. 宏观税负是一国或一地区一定时期内（通常为一年）税收总量占与国内生产总值（GDP）的比值，一般用百分数表示

B. 中观税负率是一定地区或某个行业或国民经济某一部分的纳税人所缴纳的税收占同期该地区、该行业或部门经济产出的比重。如制造业税负率、化学制品业税负率

C. 微观税负率是某一纳税人在一定时期或某一经济事件过程中，所缴纳的税收占同期或该事件的经济收入的比重

D. 税收增长弹性是指税收收入对经济增长的反应程度

参考答案：ABCD

11. 下列关于税收增长弹性的表述正确的有（　　）。

A. 税收增长弹性是指税收收入对经济增长的反应程度。税收弹性系数为税收收入增长率与 GDP 增长率比值，一般用绝对数表示

B. 当税收弹性系数大于 1 时，表明税收收入增长快于 GDP 的增长

C. 当税收弹性系数小于 1 时，表明税收收入增长慢于 GDP 的增长

D. 当税收弹性系数等于 1 时，表明两者同步增长

参考答案：ABCD

12. 重点税源监控分析有（　　）。

A. 税源日常分析

B. 专题分析

C. 税源景气（发展）指数分析

D. 税收风险预警分析

参考答案：ABCD

13. 社会保险费统计指标体系主要由哪几类指标构成（　　）。

A. 费源费基类 　　　　　　B. 征收管理类

C. 社保费收入类 　　　　　D. 分析评估类

参考答案：ABCD

14. 下列属于降费核算方法的有（　　）。

A. 分户核算和分省测算

B. 核算降率减费额

C. 核算缴费基数调整降费额

D. 阶段性减免社保费统计核算

参考答案：ABCD

15. 下列表述正确的有（　　）。

A. 征收质效主要是用于评估税务部门征收社会保险费质效的分析指标。其中：实缴率 = 报告期内单位个人实缴费款合计 / 报告期内单位个人应缴费款合计 ×100%；缴费户率 = 报告期内实际缴费单位数量 / 报告期内参保单位数量 ×100%

B. 宏观缴费负担 = 某地区（国家）报告期内社会保险费收入总额 / 该地区（国家）报告期内地区生产总值（国内生产总值）×100%

C. 微观缴费负担 = 某缴费单位报告期内缴纳社会保险费总额 / 该企业报告期内单位及个人缴纳保险费的工资总额 ×100%

D. 调整社会平均工资口径减费额 = ［缴费基数减少额（下限）+ 缴费基数减少额（上限）］× 费率

参考答案：ABCD

三、判断

1. 对比分析法是将实际数与测算数进行对比，计算实际数与测算数的差异，分析形成差异的原因，借以了解经济活动的成绩和问题的一种分析方法。分析时，对比的指标可以是绝对数，也可以是相对数；对比分析法只适用于同质指标的对比。　　　　　　　　　　　　　　　（　）

参考答案：×

【对比分析法是将实际数与基数进行对比，计算实际数与基数的差异，分析形成差异的原因，借以了解经济活动的成绩和问题的一种分析方法。分析时，对比的指标可以是绝对数，也可以是相对数；对比分析法只适用于同质指标的对比。】

2. 数理统计分析法是运用相关分析、一元或多元回归分析、时间序列分析等数理统计理论和方法，借助先进统计分析工具，利用历史数据，建立税收分析预测模型，对税收与相关影响因素的相关关系进行量化分析的方法。　　　　　　　　　　　　　　　　　　　　　　　　　　　（　）

参考答案：√

3. 非税收入核算的对象是非税资金及其运动。非税收入核算应当以实际发生的非税收入业务为依据，收集和填制会计凭证，登记会计账簿，编制会计报表，对申报、查补、评估、征收、减免、缓征、缴库、退库、调库等非税收入业务进行全面的记录和反映。　　　　　　　　　　　　　（　）

参考答案：√

4. 宏观税源分析和微观税源监控是重点税源监控工作的两大职能。做好宏观税源分析，可以更好地为组织收入、税制改革、宏观调控服务；做好微观税源监控，可以促进税收征管资源的优化配置，进一步夯实税源管理基础，提升税收征管水平和税收收入质量。　　　　　　　　　　　（　）

参考答案：√

5. 全国税收调查是财政部和国家税务总局每年在全国税务系统开展的一项专项调查，是财税部门协同完成的一项涉税数据收集整理和分析应用的基础性工作，服务于财税体制的历次重大改革，调查直接为研究财税改革方案、制定财税政策和加强财税管理服务，是税收工作、财政工作乃至国家经

济工作决策科学化的重要保障。 （ ）

参考答案：√

四、实务题

小张近期调入收入核算科，经过一段时间的学习，了解收入规划核算工作的相关内容，掌握相关知识。根据情况回答问题：

1. 税收分析包括哪些方面（ ）。

    A. 税收形势分析   B. 税收风险分析

    C. 政策效应分析   D. 经济运行分析

参考答案：ABCD

2. 税收分析方法不包括（ ）。

    A. 对比分析   B. 因素分析

    C. 数理统计分析   D. 案头分析

参考答案：D

3. 目前，国家税务总局已初步建成了哪几级重点税源监控体系（ ）。

    A. 总局   B. 省   C. 市   D. 县

参考答案：ABCD

4. 当税收弹性系数大于1时，表明（ ）。

    A. 税收收入增长快于 GDP 的增长

    B. 税收收入增长慢于 GDP 的增长

    C. 税收收入与 GDP 同步增长

    D. 税收收入与 GDP 反向增长

参考答案：A

5. 税收会计工作主要包括（ ）。

    A. 组织税收会计核算，记录和反映税收业务活动，提供税收会计信息

    B. 加强税收缴库、退库、调库业务管理，保障税款安全

    C. 实施税收会计监督，规范税收业务行为

    D. 开展税收会计分析，反映税收、经济运行情况，服务税收决策

参考答案：ABCD